Die Kunst, allein zu sein

John Selby

Die Kunst, allein zu sein

DIE KUNST
ALLEIN ZU SEIN

John Selby

DIE KUNST,
ALLEIN ZU SEIN

Aus dem Amerikanischen
von
BIRGITTA STEINER

nymphenburger

Die amerikanische Originalausgabe
»Solitude. The art of living with yourself«
erschien 1998 bei Heartsfire Books.

2. Auflage 2000

© 1998 by John Selby
© für die deutschsprachige Ausgabe
nymphenburger in der F. A. Herbig Verlagsbuchhandlung GmbH,
München 1999.
Alle Rechte, auch der photomechanischen Vervielfältigung
und des auszugsweisen Abdrucks, vorbehalten.
Umschlagfoto: ZEFA, Düsseldorf
Satz: Schaber Satz- und Datentechnik, Wels
Gesetzt aus 11,7/14,95 Punkt Optima in PostScript
Druck und Binden: Wiener Verlag, Himberg
Printed in Austria
ISBN 3-485-00827-3

Inhalt

EINLEITUNG
Vom Reichtum der Einsamkeit . . . .　7

KAPITEL EINS
Alleinsein als Chance. . . . .　19

KAPITEL ZWEI
Die heilende Kraft des Alleinseins . . . .　33

KAPITEL DREI
So werden Sie Ihr bester Freund . . . .　49

KAPITEL VIER
Akzeptieren Sie sich so, wie Sie sind . . . .　69

KAPITEL FÜNF
Nie mehr einsam!. . . . .　85

KAPITEL SECHS
Lieber allein oder mit anderen? . . . .　99

KAPITEL SIEBEN
Ihr neues harmonisches Gleichgewicht . . . . . .　107

Inhalt

KAPITEL ACHT
Ihr spirituelles Bewußtsein 129

KAPITEL NEUN
Zufrieden allein 143

NACHWORT
Momente des Alleinseins pflegen. 155

EINLEITUNG

Vom Reichtum der Einsamkeit

»Niemals fand ich eine geselligere
Gesellschaft als die Einsamkeit.«

HENRY DAVID THOREAU

Es gehört zu den merkwürdigsten Widersprüch-
lichkeiten des Menschen, daß er einerseits Gemeinschaft anstrebt und gleichzeitig Alleinsein er-
sehnt. Einerseits möchten wir unsere Gefühle und
Gedanken mit anderen teilen, auf der anderen
Seite verschließen wir unsere tiefsten Einsichten, Erinnerungen und Träume in uns.

Um seine Persönlichkeit voll zu entfalten, braucht
der Mensch regelmäßig Stunden des Alleinseins. Es
ist äußerst wichtig, daß wir eine gesunde Beziehung zum Alleinleben entwickeln, daß wir die Herausforderung annehmen, allein mit unserem innersten Selbst zu sein und selbst unser bester Freund
werden.

In meiner Arbeit als Therapeut habe ich immer wieder festgestellt, daß diejenigen Menschen, die es
am schwersten finden, mit anderen zusammenzule-

Die Kunst, allein zu sein

ben, auch Mühe haben, ihr eigener bester Freund zu sein. Wenn es ihnen gelingen würde, Augenblicke des Alleinseins zu genießen, könnten sie sich leichter anderen Menschen gegenüber öffnen und sie akzeptieren. Sobald wir unser Alleinsein hinnehmen, lernen wir gleichzeitig, uns anderen mitzuteilen.

Dieses Buch gibt Ihnen Hinweise, wie Sie mit sich selbst tiefer, vertrauter und glücklicher leben können. Wenn Sie mit ihrem Familien- und Freundeskreis unzufrieden sind, dann ist es Zeit, sich selbst kritisch zu betrachten und zu überlegen, wie Sie die Beziehung zu sich selbst verbessern können. Legen Sie das Buch immer wieder einmal zur Seite, und erforschen Sie Ihre Erinnerungen, Gewohnheiten und gegenwärtigen Gefühle. Versuchen Sie dabei einen Zusammenhang zwischen diesen Gedanken und Ihrer gegenwärtigen Situation herzustellen.

Natürlich sind wir ständig uns selbst ausgeliefert. Wir können uns von der Welt völlig zurückziehen und allein leben, aber es ist uns unmöglich, uns von unserer eigenen Persönlichkeit loszusagen. Es ist deshalb eine der größten Herausforderung im Leben, eine gesunde ausdauernde Beziehung zu sich selbst zu finden, ohne Rücksicht auf gesellschaftliche Gewohnheiten. Und nur dann, wenn wir diese Kunst meistern, können wir ein erfülltes

Vom Reichtum der Einsamkeit

Eigenleben führen und ebenso unser Bedürfnis nach Partnerschaft und zwischenmenschlichen Beziehungen stillen.

Die einsamsten und am meisten enttäuschten Menschen, die in meine Praxis kamen, waren nicht, wie vermutet, die Einzelgänger, sondern diejenigen, die auf das Gesellschaftsleben süchtig sind. Aus Angst vor dem Alleinsein pflegen sie jede Menge oberflächlicher Beziehungen, die ihnen die Möglichkeit nehmen, ihrer Seele (ihrem Innersten) allein gegenüberzustehen.

Es ist erstaunlich, wie trotz all der Ausbildung, die unsere Kinder heutzutage genießen, ihnen kaum die Möglichkeit geboten wird, mit sich allein zu sein. Statt dessen wachsen viele mit der Angst vor dem Alleinsein auf und entwickeln Gewohnheiten, die sie von ihrem Innenleben ablenken.

Mit diesem Buch leite ich Sie durch tiefgehende Erlebnisse, die sich mit Ihrer Selbsterkenntnis befassen und die Sie mit Ihren innersten Ängsten konfrontieren, damit Sie sich selbst besser kennenlernen können. Ich hoffe, daß Sie nach diesen Erfahrungen sich als ganze Person ohne jegliche Vorurteile anerkennen und Ihre zwischenmenschlichen Beziehungen im Leben erweitern und vertiefen können.

Um diesen Vorgang der Selbsterkenntnis zu ermöglichen, ist es wichtig, daß Sie sich täglich Zeit zum

Die Kunst, allein zu sein

Alleinsein nehmen. Nicht nur in bezug auf andere Menschen, sondern auch ohne Einfluß von Radio, Fernsehen, Lektüre und ohne jeglichen Gedanken an andere Dinge. Sich des Alleinseins voll bewußt zu sein und Raum und Zeit ganz gezielt nur für sich allein zu beanspruchen ist deshalb der erste Schritt.

Der nächste Schritt wäre festzustellen, wie man sich dabei fühlt, und welche Gedanken einem in diesem Augenblick durch den Kopf gehen. Das ist nicht immer einfach, weil wir häufig unsere Persönlichkeit mit negativen Vorurteilen überdecken oder manchmal sogar völlig verneinen. Dies geschieht oft ganz unbewußt, bleibt nur im Hintergrund wahrnehmbar. Doch negative Selbsturteile können ganz natürlich und mit gutem Gewissen als Teil unserer Persönlichkeit angesehen werden, besonders dann, wenn gesellschaftliche Gewohnheiten uns mit bestimmten Selbstvorstellungen prägen. Um sich dieser Selbsturteile bewußt zu werden, ist es ratsam, unseren Gedanken und Gewohnheiten auf die Spur zu kommen. Was halten Sie von sich selbst? Können Sie sich trotz Ihrer Mängel leiden? Oder haben Sie Schwierigkeiten, sich selbst als »gut« zu sehen? Wie oft machen Sie sich selbst aus Gewohnheit kleiner, als Sie in Wirklichkeit sind, und auf wie viele unzählige Weisen schätzen Sie Ihren Selbstwert? Weil Selbstbewertungen in unserem Wesen oft unerkannt bleiben, ist es manchmal nötig, jemand anderen zu fragen, ob Ihre Worte oder Taten negative Selbsturteile ausdrücken. Auf dem Weg der Selbsterkennung werden Sie bald bemerken, auf welche Art und Weise Sie Ihr bester Freund oder ärgster Feind sind.

In bereits jungen Jahren lernen wir von unseren Eltern und anderen Familienmitgliedern, wie wir uns selbst gegenüber zu verhalten haben. In meiner Arbeit schlage ich hin und wieder vor, sich an das Selbstwertgefühl in der Kindheit zu erinnern. Besinnen Sie sich auch an Ihre Eltern und deren Einstellung zu sich selbst und dem Alleinsein, und in welchem Ausmaß Sie von dieser Erfahrung beeinflußt wurden. Gab es daheim Momente des glücklichen Alleinseins? Oder hatten Sie vor Einsamkeit Angst?

Die Ursachen Ihrer gegenwärtigen Gewohnheiten zu erkennen ist schon einmal ein erheblicher Fortschritt. Es ist jedoch ebenso von Bedeutung, Ihre Gedanken, Worte und Taten in der Gegenwart aufzuspüren. Beobachten Sie einmal, wie häufig Sie sich mit Ihren Gedanken den gegenwärtigen Moment vermiesen. Achten Sie auch besonders darauf, wie Sie auf Zeitspannen des Alleinseins reagieren, auf welche Art und Weise Sie diese willkommen heißen oder zu vermeiden trachten.

In dem vorliegenden Text biete ich praktische Übungen an, die Ihnen helfen, Ihre Gewohnheiten

Die Kunst, allein zu sein

zu entdecken, um wirklich frei zu werden und eine neue Beziehung zu sich selbst aufzubauen.

Einige von Ihnen werden dieses Buch vielleicht in einer Zeit lesen, in der sie sich einsam fühlen. Vielleicht glauben Sie, um wirklich glücklich zu sein, brauchen Sie einen anderen Menschen in Ihrem Leben. Weil wir die Gemeinschaft lieben, ist es für uns ganz natürlich, mit anderen zusammenzuleben. Die Person, die Sie jedoch am meisten brauchen, sind Sie selbst! Sie werden niemals in der Lage sein, mit jemand anderem eine tiefe Freundschaft zu schließen, ohne mit sich selbst vertraut zu sein. Denn ebenso wahr ist, daß Sie ohne Selbstkenntnis auch die andere Person nicht erfassen können. Und ohne diese Grundvoraussetzung geraten wir immer wieder in unzufriedene Beziehungen.

Ich weiß, daß dieser scheinbar einfache Prozeß der Selbsterkenntnis und der Selbstliebe äußerst strapazierend sein kann. Sie werden sich dabei mit vielen Ängsten konfrontiert sehen. Doch bietet dieses Buch angemessene Hilfe und gibt Ihnen pragmatische Führung, um sich von Ihren Ängsten zu befreien.

Viele Menschen beginnen einen Prozeß wie diesen mit dem festen Vorsatz, sich total zu verändern. Sie meinen, sich ihrer grundlegenden Persönlichkeit entledigen zu müssen, um die anstehenden Probleme zu lösen und sich ihrem Idealbild anzunähern. In

Vom Reichtum der Einsamkeit

Wirklichkeit kann sich jedoch der Charakter eines Menschen nicht verändern. Unser Wesen ist unveränderlich, ob wir es wollen oder nicht. Wir können uns weiterentwickeln und an Weisheit gewinnen, um unseren Charakter zu stärken und zu erweitern, aber wir bleiben wir selbst, wer immer wir auch sind. Wir müssen im Rahmen unseres persönlichen Charakters, den wir geerbt und entwickelt haben, lernen, das Beste aus uns zu machen – wir müssen uns von grundauf selbst akzeptieren.

In meiner Praxis habe ich bisher noch niemanden getroffen, dessen Selbstwertgefühl auf dem Weg der Selbsterfahrung gesunken wäre. Selbsterkenntnis ist eine erstaunliche Heilkunst. Sie verbirgt in sich Elemente der Liebe und Anerkennung. Diejenigen, die sich selbst nicht akzeptieren können, Menschen ohne Selbstliebe, Menschen, die sich in ihrer eigenen Gegenwart langweilen, sind diejenigen, die sich selbst nicht genau kennen. Doch in dem Maße, in dem sie ihre Selbstkenntnis erweitern, zeigen sie mehr Interesse an sich selbst, nehmen unvermeidliche Mängel an (wie zum Beispiel den Gedanken, daß sie selbst perfekt sein müssen), und Sie beginnen damit, öfters auf sich selbst zu achten.

Einsamkeit ist eine überzeugende Lehrmeisterin. Sie kann auch als Freude und Zufriedenheit im Leben empfunden werden. Völlige Stille, ein Hauptbestandteil des Alleinseins, trägt zur Erhaltung unseres

Die Kunst, allein zu sein

Geistes bei und kann als lebenswichtige Quelle betrachtet werden. In den verschiedenen Weltreligionen wird das Alleinsein als wesentliche Voraussetzung für spirituelles Wachstum angesehen. Doch was bedeutet eigentlich Alleinsein wirklich, und wie finden wir zu unserem inneren Reichtum?

Um mit Ihrem innersten Wesen in Kontakt zu kommen, biete ich Ihnen meditative Übungen an, die nicht an eine Religion gebunden sind, so daß Sie mit Ihren eigenen Glaubensansschauungen nicht in Konflikt geraten.

Wenn Sie einmal Zugang zu Ihrem tiefen Innersten gefunden haben, sozusagen zu Ihrem wahren Selbst, werden Sie feststellen, daß sie im Grunde niemals allein sind. Ihr oberflächlicher Sinn für Einsamkeit macht dem Gefühl der Anteilnahme am Leben und der Gewißheit, daß alles miteinander verbunden ist, Platz. Schilderungen alter Sagen und Legenden sowie die neuesten Erkenntnisse über die grenzenlose Verbundenheit aller Existenz in der Quanten-Physik beweisen, daß ein isoliertes Dasein im Universum nicht möglich ist. Die Behauptung, daß alles »eins« ist, wird sowohl wissenschaftlich als auch spirituell anerkannt. Es ist eine große Hilfe, unser Bewußtsein so zu erweitern, daß wir den Zusammenhang aller Existenz erkennen und wir uns somit selbst in einem neuen Licht sehen.

In gewisser Hinsicht erscheinen wir in unserem All-

Vom Reichtum der Einsamkeit

gemeinbewußtsein als isolierte Wesen. Gleichzeitig sind wir jedoch Teil eines Ganzen. Wenn Sie diese Erfahrung einmal gemacht haben, wird sich Ihr Einsamkeitsgefühl verändern.

Wie kommt es, daß wir uns trotz all dieser Tatsachen allein und isoliert im Leben fühlen? Ein Grund dafür ist, daß wir mit unseren Gedanken, Gefühlen und Lebenseinstellungen, die wir in unserer Kindheit gelernt haben, uns jetzt als isolierte Erwachsene sehen. Mit Hilfe gezielter Übungen in diesem Buch, werden Sie sich diesen vorgeprägten Mustern gegenübersehen, diese genau betrachten und durchleben, um sich schließlich von ihnen zu befreien.

Im Alter von zwanzig habe ich mich zum ersten Mal im Leben mit der Frage des Alleinseins beschäftigt. Als ich an einem Abend das Neue Testament aufschlug, fand ich die Stelle, in der Jesus sagt, daß man seinen Nächsten genauso lieben soll wie sich selbst. Damals fand ich diese Behauptung ziemlich töricht. Da ich zu jener Zeit mir gegenüber nur sehr wenig Selbstliebe empfand, war es nur selbstverständlich, nicht viel für meinen Nächsten zu empfinden.

Die wesentliche Botschaft hinter diesen Worten ist, daß wir uns zuerst einmal selbst lieben lernen müssen, bevor wir unseren Mitmenschen Liebe entgegenbringen können. Jesus kannte das Gesetz der

Die Kunst, allein zu sein

Liebe sehr genau: Um andere zu lieben, muß man zuerst sich selbst anerkennen.
Auf keinen Fall hängt das persönliche Wachstum vom logischen Denken oder von der Verwendung neuer Begrifflichkeiten ab. Zu Beginn ist es hin und wieder notwendig, sich über den Vorgang der Selbstliebe Gedanken zu machen. Die wirkliche Arbeit beginnt jedoch mit neuen Erfahrungen, die hinter Ihren Gedanken liegen, was mit folgendem Symbol im Text gekennzeichnet ist.

Ich gebe Ihnen immer wieder die Möglichkeit, das Buch zur Seite zu legen, damit Sie Bewußtseinsübungen ausprobieren können. Wenn Sie Ihre Beziehung zu sich selbst verbessern möchten, ist es wichtig, sich für diese Übungen Zeit zu nehmen und sie regelmäßig zu praktizieren. Es ist ratsam, sich täglich für eine Weile mit Meditationen, Reflexionen und Übungen zu beschäftigen, um Ihr innerstes Wesen kennenzulernen. Machen Sie es sich zur Gewohnheit, jeden Tag für ein paar Augenblicke allein zu sein, um mit sich selbst Verbindung aufzunehmen, sich allein und ehrlich gegenüberzustehen. Öffnen Sie Ihr Herz und Ihre eigene geheimnisvolle Gegenwart.
Zum Glück kann dieser Weg der Selbsterforschung

Vom Reichtum der Einsamkeit

auch Spaß machen. Natürlich werden Sie sich Zeiten gegenübersehen, in denen Ihre alten Selbstvorstellungen diesen Prozeß durchkreuzen wollen. Dann ist es ratsam, mit sich selbst Geduld zu haben und diese Momente als einen wichtigen Teil des eigenen Wachstums anzusehen. Wenn Sie den Angaben in diesem Buch folgen, werden Sie ohne Schwierigkeiten die Freuden des Alleinseins entdecken.

Um damit gleich anzufangen, legen Sie das Buch einmal zur Seite, lassen Sie den Atem kommen und gehen, und beobachten Sie, wie Sie sich im Augenblick fühlen und welche Gedanken auftreten. Seien Sie sich dabei selbst gegenüber freundlich und haben Sie Geduld mit sich. Sind Sie gerne mit sich allein? Haben Sie eine positive *und* negative Antwort auf diese Frage? Welche Gedanken und Gefühle in Ihnen sagen »ja« und welche sagen »nein«?

KAPITEL EINS

Alleinsein als Chance

Das Alleinleben wird eher als Tatsache des Alters, denn als Jugenderscheinung angesehen. In Wirklichkeit beginnt das Alleinsein als Teil der natürlichen Entwicklung schon in jungen Jahren. Ich habe gerade einmal um die Ecke in den Garten geschaut, wo mein einjähriger Sohn ganz zufrieden mit sich selbst beschäftigt ist. Mehrmals am Tag macht es ihm Spaß, eine Viertelstunde allein zu spielen. Er weiß bereits, was es heißt, allein zu sein, und solange er auch liebende Aufmerksamkeit und regelmäßige Gesellschaft hat, macht ihm das gar nichts aus.

Schon im Kindesalter begegneten wir dem Alleinsein. Solange wir uns geliebt und geborgen wußten, haben wir kurzzeitig gerne allein gespielt und es sogar genossen, wenn kein Mensch in Sichtweite war. So haben wir die ersten Erfahrungen mit unserer eigenen Welt gemacht und erlebt, daß es schön ist, die ganze Aufmerksamkeit auf sich selbst richten zu können, ohne gestört zu werden. In solchen

Die Kunst, allein zu sein

Augenblicken sind uns unsere inneren und äußeren Empfindungen voll bewußt geworden. Auf diese Weise konnten wir das Alleinsein lieben lernen. Es war für uns ganz natürlich, in diesen erweiterten Bewußtseinszustand zu treten, der uns mit Leben erfüllte. Wenn uns jedoch aus irgendeinem Grund das Gefühl der Geborgenheit einmal verlorenging und wir uns verlassen fühlten, dann kam uns das Alleinsein unangenehm oder sogar erschreckend vor. Sobald wir uns völlig in der Gegenwart befinden und am Leben voll teilnehmen, haben wir das Gefühl, mit unserer Umgebung im Einklang zu sein: In diesem Augenblick ist unser inneres Wesen mit der Endlosigkeit allen Seins verbunden. Letzten Endes machen wir diese Erfahrung hauptsächlich dann, wenn wir alle Dinge zur Seite legen und uns in unsere Innenwelt zurückziehen.

Natürlich haben wir in unserer Kindheit diesen Einklang nicht immer gefühlt. Statt mit uns selbst glücklich und zufrieden zu sein, haben wir uns gelegentlich verlassen gefühlt und Angst davor gehabt. Statt unser Bewußtsein zu erweitern und unserer Umwelt zu vertrauen, haben wir uns in Ängste und Einsamkeit zurückgezogen, die eine positive Erfahrung des Alleinseins unmöglich machten. Und dann, beim Versuch, diesem scheinbar überwältigenden Einsamkeitsgefühl zu entkommen, haben wir gedanklich einen Fluchtweg aus der Gegenwart ge-

Alleinsein als Chance

sucht. Wir haben uns zum Beispiel jemanden an unserer Seite vorgestellt, uns an Freunde oder Gefährten erinnert, Zukunftspläne für ein geselliges Zusammensein geschmiedet, um dem Schmerz zu entgehen. Oder wir haben uns auf andere Weise abgelenkt.

Wenn wir uns im Innersten nicht ausreichend geliebt fühlen, reagieren wir auf das Alleinsein eher negativ. Leider führt dieser Widerstand gegen das Alleinsein zur Vereinsamung. Mit einer negativen Einstellung gegenüber dem Alleinsein verweigern wir uns die nötige Lebenserfahrung, die uns von unserer Einsamkeit befreien kann.

In diesem ersten Kapitel möchte ich Sie zu einem positiven Verhältnis mit dem täglichen Alleinsein führen. Der erste Schritt, um sich damit vertraut zu machen, ist, sich bewußt Zeit zum Alleinsein zu nehmen. Viele von uns haben die Angewohnheit, sobald sie allein sind und nichts zu tun haben, sich mit Hilfe ihrer Gedanken und ausgeklügelter Tricks, die sie sich vor langer Zeit angeeignet haben, die Einsamkeit in der Gegenwart zu vermeiden. Für gewöhnlich sind sie sich dessen gar nicht bewußt. Sie werden in diesem Buch gezielte Strategien erlernen, um sich von solchen Selbsteinschränkungen zu befreien. Damit haben Sie die Chance, die täglichen Augenblicke des Alleinseins zu genießen und eine Beziehung zu sich selbst aufzubauen.

21

Die Kunst, allein zu sein

Beim Alleinleben ist es nur zu einfach, sich in Arbeit zu stürzen oder sich dem Gesellschaftsleben hinzugeben, was uns von einer Begegnung mit uns selbst ablenkt. Ebenso einfach ist es, sich mit Hilfe von Erinnerungen an die »gute alte Zeit« abzulenken. Eine andere Art der Ablenkung wäre auch, Zukunftspläne für neue Beziehungen zu schmieden oder sich dem Einfluß der Medien, wie Radio, Fernsehen etc. hinzugeben. Wir sind äußerst erfindungsreich in dieser Hinsicht.

Weil diese Ausweichmanöver von uns oft unerkannt bleiben, ist es wichtig, sich mehr und mehr darüber bewußt zu werden, wie wir unsere Zeit des Alleinseins verbringen. Deshalb ist es zu Beginn gut, einen ehrlichen Blick auf unsere Ablenkungsgewohnheiten zu werfen. Wie oft vermeiden Sie eine Begegnung mit sich selbst? Und wie oft bringen Sie alle Aktivitäten zum Stillstand und schenken sich selbst volle Aufmerksamkeit?

 Nachdem Sie den nächsten Absatz gelesen haben, schlage ich vor, das Buch für einen Augenblick zur Seite zu legen, um herauszufinden, wie Sie für gewöhnlich auf das Alleinsein reagieren. Nehmen Sie einen tiefen Atemzug, um sich von jeglicher Anspannung zu lösen, und beobachten Sie Ihre Gefühle, während Sie so allein dasitzen: Welche körperlichen Empfindungen treten dabei auf, wie fühlen Sie sich? Sind

Alleinsein als Chance

Sie unruhig, nervös oder ängstlich? Denken Sie sofort an andere Dinge, die Sie tun sollten? Sind Ihre Gedanken mit allem möglichen beschäftigt? Oder können Sie sich dabei entspannen? Beobachten Sie, in welchem Maß Sie sich wohl fühlen oder in welchem Maß es Ihnen unbehaglich ist.

Der nächste Schritt wäre, in die Vergangenheit zu sehen und sich auf positive Momente des Alleinseins zu besinnen. Erinnern Sie sich an glückliche Momente, in denen Sie allein waren. Einsame Menschen glauben oft, daß sie allein niemals glücklich waren. In den meisten Fällen stimmt das jedoch nicht. Oft sind wir so von schmerzhaften Erinnerungen besessen, daß wir dabei die schönen Zeiten ganz vergessen oder sogar verleugnen.
Erlauben Sie mir deshalb, Ihnen eine Technik aus meiner Praxis zu zeigen, die Ihnen beim Erinnern an einen glücklichen Augenblick behilflich sein kann und Ihre gegenwärtigen Hürden gegenüber dem Alleinsein überwinden hilft. Während Ihre positiven Erinnerungen Teil Ihrer bewußten Erkenntnis werden, erneuern und erweitern Sie Ihre Vorstellungen vom Alleinsein.
Betrachten Sie zunächst einmal Ihre gegenwärtigen Gewohnheiten bezüglich des Alleinseins. Wie häufig waren Sie, zum Beispiel gestern, zumindest für eine Weile mit sich allein? Und für wie lange, wenn

Die Kunst, allein zu sein

überhaupt, haben Sie diese Augenblicke genossen? Um sich besser zu erinnern, machen Sie folgendes: Sie legen, nachdem Sie diesen Absatz gelesen haben, das Buch wieder zur Seite. Wenn Sie wollen, schließen Sie Ihre Augen, und beobachten Sie Ihre Atmung. Stellen Sie sich vor, nicht in Ihrer Erinnerung »zurückzugehen«, sondern diese in die Gegenwart »hervorzuholen«. Mit diesem Erinnerungsvorgang können Sie noch einmal Ihre Gedanken und Gefühle, die Sie damals empfanden, wiedererleben. Dieses wiederholte Erlebnis wird so mehr oder weniger zum Ereignis der Gegenwart.

Um sich auf dieses Erinnerungsabenteuer vorzubereiten, müssen Sie jedesmal Ihre volle Aufmerksamkeit auf die Gegenwart richten. Das gelingt Ihnen, wenn Sie einfach spüren, wie die Luft bei jedem Atemzug durch Ihre Nase oder den Mund ein- und ausströmt. Dieser Vorgang bringt Sie sofort in die Gegenwart. Gleichzeitig werden Sie sich Ihrer Atembewegungen in Brust- oder Bauchregion bewußt. Und um Ihr Bewußtsein noch einen Schritt weiter zu entfalten, können Sie versuchen, Ihren Puls oder Herzschlag an irgendeiner Stelle Ihres Körpers zu entdecken. Nachdem Sie Ihre Aufmerksamkeit auf Atmung und Puls gerichtet haben, werden Sie sich Ihres ganzen Körpers bewußt. Diese einfache Meditation, die Ihre ganze Aufmerksam-

Alleinsein als Chance

keit in die Gegenwart bringt, ist eine wichtige Voraussetzung, um Ihre Erinnerungen und Gefühle wieder aufleben zu lassen.

Damit Sie sich leichter an Vergangenes erinnern können, suchen Sie sich ein bestimmtes Thema aus, zum Beispiel das Thema Alleinsein. Geben Sie diesem zwanglosen Raum in Ihren Gedanken, bis irgendwann einmal plötzlich Erinnerungen auftreten. Bleiben Sie sich dabei ständig Ihrer Atmung bewußt, so daß Sie sich völlig in der Gegenwart befinden. Sich Ihrer Atmung bewußt zu sein hält Ihre Suche in der Vergangenheit mit der Gegenwart verbunden, anstatt in unbewußte Träumereien zu versinken.

Um sich an etwas Konkretes zu erinnern, denken Sie einmal an die letzten Tage zurück, als Sie mit sich allein waren. Nachdem Sie diese Meditationserklärung durchgelesen haben, legen Sie das Buch zur Seite und stellen Sie sich auf Ihre Atmung ein. Spüren Sie, wie Sie durch Ihre Nase ein- und ausatmen ... Erweitern Sie Ihr Bewußtsein, ohne Anstrengung, auf Ihre Atembewegungen in Brust und Bauch ... Erweitern Sie Ihr Bewußtsein auf Ihren Herzschlag oder Puls an irgendeiner Stelle Ihres Körpers ... Erweitern Sie Ihr Bewußtsein auf Ihren ganzen Körper hier in der Gegenwart ... Und während Sie sich Ihrer Atmung und Ihres Körpers bewußt bleiben, sagen Sie ein

Die Kunst, allein zu sein

paarmal zu sich selbst: »Ich möchte mich an Augenblicke erinnern, in denen ich kürzlich allein war und die mir gefallen haben« ... Atmen Sie in die Erinnerungen hinein, was immer auch aufkommen mag ...

Als ich mich auf mein letztes angenehmes Alleinsein besonnen habe, kam mir die Erinnerung an heute früh, als ich von meinem Schlafzimmer aus auf den Balkon getreten bin und mich in der Nachbarschaft umgeschaut habe. Ich stand nur ein paar Minuten da. Es war ein köstlicher Moment, da ich mit erwachenden Sinnen einem neuen Tag entgegenblickte. Eine solche Zeitspanne am frühen Morgen ist sehr wichtig und sollte bewußt wahrgenommen werden. Wir stehen oft auf und denken sofort an die Dinge, die wir uns für den Tag vorgenommen haben, ohne auch nur einmal uns selbst wahrzunehmen. Dabei versäumen wir die Gelegenheit, uns innerlich zu sammeln und uns auf den kommenden Tag vorzubereiten.

Am frühen Morgen sind wir auch allein im Badezimmer; das gibt uns erneut die Möglichkeit zum Meditieren, zum Beispiel wenn wir uns selbst gegenüber im Spiegel betrachten und uns unserer eigenen Gegenwart bewußt werden. Der Schlüssel zur Selbstwahrnehmung liegt wiederum in der bewußten Atmung.

Alleinsein als Chance

Diejenigen, die täglich zur Arbeit fahren, haben dann die Gelegenheit, mit sich selbst zu sein, und können daraus viele Vorteile ziehen. Ebenso finden sie am Arbeitsplatz häufig Momente des Alleinseins, wenn sie ihr Bewußtsein dahingehend schärfen.

Da wir nahe am Meer leben, habe ich gestern für eine Weile meine Arbeit zur Seite gelegt und bin mit meiner Frau und dem Baby zum Strand gefahren. Dort waren nur ungefähr zwanzig Leute, und so hatte man die Wahl zwischen Unterhaltung und Alleinsein. Ich schätze, daß die meisten Leute dort am Strand besondere Stunden des Alleinseins gesucht haben: Statt von Menschen umgeben, wollten sie die Natur genießen.

Nachdem wir drei für eine Stunde am Strand gespielt und Sandburgen gebaut hatten, hatte ich auf einmal den Wunsch, allein zu sein – den Drang, mich von jedermann zurückzuziehen –, und habe mich auf den Weg gemacht, allein am Strand entlangzuwandern. Diesen Drang zum Alleinsein kennen wir alle, obwohl wir ihn manchmal verdrängen und ihn mit unserem Willen zu kontrollieren versuchen.

Als ich so am Strand entlangging, war ich meiner Frau und mir selbst gegenüber dankbar, daß wir beide für das Alleinsein Verständnis haben. Ebenso wie ich genießt auch meine Frau Momente, sogar Stunden des Alleinseins. Als wir uns kennenlernten,

Die Kunst, allein zu sein

haben wir uns oft über unsere persönlichen Bedürfnisse unterhalten; über das Bedürfnis nach Freundschaft, aber auch über die Freiheit, allein zu sein, wann immer wir wollen.

Wie steht es mit Ihren gegenwärtigen Beziehungen? Genießen Sie die Freiheit, regelmäßig allein zu sein und nach Abstand zu fragen, oder glauben Ihre Mitmenschen, daß Sie sie ablehnen, wenn Sie allein sein wollen?

Nehmen Sie sich einen Augenblick Zeit, um sich mit der Frage tiefer zu beschäftigen, welche Erfahrungen Sie in letzter Zeit dabei gemacht haben. Nachdem Sie diesen Absatz gelesen haben, legen Sie das Buch wieder zur Seite, werden Sie sich Ihrer Atmung bewußt … Spüren Sie Ihren Herzschlag oder Puls … Ihren ganzen Körper … Genießen Sie es, hier in der Gegenwart zu sein … Erweitern Sie Ihr Bewußtsein und erinnern Sie sich an Augenblicke, in denen Sie vor kurzem mit jemandem zusammen waren … War es Ihnen möglich, nach Raum und Abstand zu fragen? … Haben Sie sich Zeit zum Alleinsein genommen? … Wurde Ihr Bedürfnis, sich zurückzuziehen und zu reflektieren, von anderen anerkannt? …

Um noch weiter in Ihren Erinnerungen vorzudringen, machen Sie es sich zur Gewohnheit, auch

Alleinsein als Chance

über Momente des glücklichen Alleinseins zu reflektieren. Betrachten Sie diese Meditation, in der
Sie die besonderen Zeiten des Alleinseins wiedererleben, nicht nur als einmalige Übung, sondern
auch als eine lohnende und für Sie äußerst vorteil-
hafte Angewohnheit, die Sie sich für den Rest Ihres
Lebens aneignen sollten. Nehmen Sie sich nun ein
paar Minuten für diese Meditation Zeit, und folgen
Sie den vorher angegebenen Anleitungen.

Beginnen Sie damit, sich zu entspannen … Richten
Sie Ihre Aufmerksamkeit auf Ihre Atmung … Ihren
Herzschlag oder Puls … Ihren ganzen Körper hier in
der Gegenwart … Und erweitern Sie Ihr Bewußtsein, um sich an Momente des Alleinseins zu erinnern … Augenblicke, in denen Sie Ihre eigene Gegenwart genossen haben; Ihr inneres Wesen und
zugleich die Außenwelt tief wahrgenommen haben … Beobachten Sie, welche Erinnerungen
kommen … Besondere Momente … Besondere
Plätze … Augenblicke der Stille, an die Sie schon
lange nicht mehr gedacht haben …

Während Sie diese Meditation wiederholen, entdecken Sie immer mehr Erinnerungen und frischen
die positiven Erlebnisse wieder auf. Es ist ratsam,
diese Meditation für die nächsten Wochen täglich
zu üben, wenn Sie Ihre Beziehung zum Alleinsein

Die Kunst, allein zu sein

verbessern möchten. In ein paar Tagen werden Sie bereits feststellen, wie sich Ihre Gedanken und Einstellungen zum Alleinsein verändern. Je mehr Sie lernen, sich Ihrer schönen Zeiten bewußt zu werden, lernen Sie auch die gegenwärtigen Momente des Alleinseins zu genießen.

Während ich gestern am Strand saß und diese zwanzig »Einzelwesen« betrachtet habe, wurde ich mir der Tatsache bewußt, daß ein jeder von uns völlig mit sich selbst und in seinem einzigartigen eigenen Bewußtsein durchs Leben geht. Es ist für uns unmöglich, unser eigenes Bewußtsein mit jemand anderem auszutauschen. Wir können uns lediglich mit unserem eigenen Bewußtsein vertraut machen, es erweitern und lernen, damit zufrieden zu leben. Sobald wir mit jemandem zusammen sind, geschieht etwas Eigenartiges mit unserem Bewußtsein. Häufig ziehen wir uns aus Gewohnheit zurück, um unser inneres Zentrum, unseren Mittelpunkt nicht zu verlieren. Wir haben Angst, daß die Gegenwart des anderen uns überwältigen und uns einengen kann. Oft regulieren wir uns ganz unbewußt auf diese Weise. Wenn wir es jedoch gewohnt sind, allein zu sein, und diesen Raum schätzen lernen, fällt uns dieses »Zurückziehen« unseres Bewußtseins sofort auf. Vielleicht können Sie dies bei sich selbst beobachten, wenn Sie das nächste Mal vom Alleinsein in Gesellschaft wechseln.

Alleinsein als Chance

Spüren Sie, wie sich Ihr Bewußtsein zusammenzieht? Beobachten Sie dabei, wie unterschiedlich Sie auf verschiedene Leute reagieren. Beobachten Sie auch das Gefühl in Ihrem Körper, sobald Sie sich auf die Gegenwart anderer Menschen umstellen – welche Erfahrungen sammeln Sie dabei?

Nun stellen Sie sich einmal das Gegenteil vor, wenn Sie sich aus der Gesellschaft zurückziehen und wieder allein sind. Was geschieht dabei mit Ihrem Bewußtsein? Sie haben plötzlich Raum und Zeit zur Verfügung, um Ihr Bewußtsein zu erweitern! Welche Gewohnheiten haben Sie sich dabei angeeignet? Ist es Ihnen möglich, sich zu entspannen und mit der Welt in Einklang zu sein, oder ziehen Sie sich in die Angst vor dem Alleinsein zurück?

Am Ende dieses Kapitels schlage ich vor, noch einmal die »Erinnerungs-Meditation«, die Sie vor ein paar Minuten gelernt haben, zu wiederholen. Während Sie Ihre Erinnerungen wiedererleben, denken Sie auch an den Wechsel zwischen Alleinsein und Geselligkeit. Für eine Weile sind Sie mit jemandem zusammen oder in einer Gruppe, im nächsten Moment wieder mit sich allein. Oder Sie stellen sich die umgekehrte Situation vor. Sehen Sie für sich selbst, wie sich Ihr Bewußtsein verhält, sobald Sie mit sich allein sind. Wie fühlen Sie sich, wenn Sie sich von der Geselligkeit wieder in das Alleinsein zurückziehen?

KAPITEL ZWEI

Die heilende Kraft
des Alleinseins

Es wird behauptet, daß
das Gefühl der Einsamkeit dem Menschen mehr
Leid zugefügt hat als jeder andere erlebte Gemütszustand.

Im allgemeinen würde ich dieser Behauptung zu-
stimmen. Im Extremfall kann die Einsamkeit den
menschlichen Geist ein ganzes Leben lang plagen.
Beinahe jedermann ist mit diesem Gemütszustand
vertraut und leidet manchmal darunter.

Doch der Grund, weshalb man sich einsam fühlt, ist
nicht, weil man allein lebt. Um die Einsamkeit zu
überwinden, müssen wir erst die Ursache für dieses
Gefühl kennenlernen und die Art und Weise, wie
sie in unserem Körper als Leiden auftreten kann.
Nur dann können wir uns aus dem festen Griff der
Einsamkeit lösen.

Einsamkeit ist ein Zustand, der klar und ehrlich ein-
geschätzt werden muß und nur durch direkte Erfahrungen überwunden werden kann. Sie können sich

Die Kunst, allein zu sein

nicht allein durch das Lesen eines Buchs und durch vernünftige Gedanken, auch wenn sie noch so nützlich wären, von der Einsamkeit befreien. Einsamkeit ist ein Teil unserer Persönlichkeit.

Ein Übungsvorschlag, der sich in zwei Teile aufgliedert, kann uns darüber hinweghelfen. Zuerst müssen wir die Erinnerungen, Erfahrungen und Lebensanschauungen, die das Gefühl der Einsamkeit in unserem Bewußtsein bisher aufrechterhalten haben, verstehen lernen und vorsichtig daran arbeiten. Im zweiten Teil werden diese Gewohnheiten durch aufbauende, selbsterfüllende, emotionale Verhaltensmuster ersetzt. Wenn Sie extrem an chronischer Einsamkeit leiden, brauchen Sie wahrscheinlich mehr Hilfe, als Ihnen dieses Buch bieten kann. Wenn Sie Ihre chronischen Einsamkeitsgefühle mit Hilfe dieses Programms selbst überwinden wollen, Ihre Lage sich dabei jedoch nicht ändert, sollten Sie sich selbst einen Gefallen tun und eine professionelle Beratung aufsuchen.

Die in diesem Buch aufgeführten Anleitungen helfen Ihnen, glücklich mit sich selbst zu leben. Für die meisten bietet dieses Programm eine angemessene Hilfestellung, um sich von chronischer Einsamkeit zu befreien, wenn sie sich den eigentlichen Erfahrungen, durch die ich sie leiten werde, anvertrauen. Selbst-Reflexion und persönliches Wachstum sollte man nicht nur als etwas Magisches betrachten, das

Die heilende Kraft des Alleinseins

sich allein auf therapeutische Arbeit beschränkt. Sobald wir einmal einen Einblick in professionelle Techniken gewonnen haben, sind wir durchaus imstande, uns selbst über unsere alten Denkgewohnheiten und Gefühle hinwegzuhelfen. Und lassen Sie mich auch noch folgendes sagen: Es ist durchaus normal, sich hin und wieder einsam zu fühlen. Das Leben selbst kann manchmal eine einsame Erfahrung sein. Dieses Gefühl ist im Verlauf unserer Entwicklung unvermeidbar. Und wenn das Gefühl der Einsamkeit innerlich wie äußerlich Zeiten tiefer Erfüllung mit sich bringt, motiviert es uns zum inneren Wachstum, das ansonsten nicht stattfinden kann.

Einsamkeit tritt nur dann als Problem auf, wenn sie einen zentralen Platz in unserem Leben einnimmt und keine Veränderungen erlaubt. Ich stelle mir vor, daß beinahe jeder von uns sich zumindest einmal im Leben in einem Zustand tiefer Einsamkeit befand, und dieses Gefühl der Einsamkeit sich über Tage, Wochen oder sogar Jahre hingezogen hat. Nachdem meine erste Ehe zu Bruch ging, habe ich mich über zwei Jahre wieder mit dem Gefühl der Einsamkeit gequält. Das war eine schwere Zeit für mich – doch war dies auch gleichzeitig eine Zeit, in der ich einen tiefen Einblick in das Wesen des Menschen gewinnen konnte, und vor allem in meine Schwächen, die sich in meinem persönlichen Leben widerspiegelten.

Die Kunst, allein zu sein

Der Mensch ist schon ein eigenartiges Wesen, weil er die Tendenz hat, sich nur dann weiterzuentwickeln, wenn er sich unbehaglich fühlt oder von Schmerz geplagt wird oder sich in einer Lebenskrise befindet. Solange alles gutgeht, neigen wir dazu, uns zu entspannen und in den Tag hineinzuleben, ohne den Drang oder den Wunsch herauszufinden, wer wir in Wirklichkeit sind, und was unsere Lebensaufgabe ist. Im Leben begegnen wir jedoch immer wieder Situationen, die uns Schmerz und Leid zufügen und unsere gegenwärtige Lebenseinstellung herausfordern.

Das Gefühl der Einsamkeit weist wie jeder andere Schmerz, den wir spüren, darauf hin, daß in unserem Leben etwas nicht richtig läuft. Einsamkeit ist eigentlich wie ein guter Freund, wenn man sie als ein Signal betrachtet, das unsere Aufmerksamkeit verlangt, um das dahinterstehende Problem anzugehen. Das Alleinsein regt uns an, eine verständnisvolle Beziehung zu anderen und zu uns selbst zu finden. Es hilft uns, neue Erfahrungen zu sammeln, die für unser Leben von Bedeutung sind.

So sollten wir vielleicht im Umgang mit unserer Einsamkeit damit beginnen, daß wir dankbar sind, weil uns dieses Gefühl auf unsere inneren Schmerzen aufmerksam macht. Es drängt uns nach draußen, um unsere zwischenmenschlichen Bedürfnisse zu stillen. Ansonsten würden wir uns total von der

Die heilende Kraft des Alleinseins

Welt zurückziehen und unsere Beziehungen zu anderen völlig abbrechen. Und wie ich bereits zu Beginn des Buches erwähnt habe, ist gerade das harmonische Gleichgewicht zwischen Alleinsein und Geselligkeit die Grundlage für ein erfülltes Leben.

Wenn wir uns mit der Einsamkeit befassen, sollten wir zuerst einmal feststellen, auf welche Weise sie im menschlichen Körper und Geist entsteht. Wir haben von Natur aus instinktive Reaktionen und Gefühle und kommen mit der sogenannten Angst vor dem Verlassenwerden auf die Welt. Neugeborene kennen diese Angst und fangen an zu schreien, sobald sie sich verlassen fühlen. Das Gefühl, allein gelassen zu werden, wird von Babies als eine elementare Lebensbedrohung empfunden. Diese angeborene Überlebensreaktion war offensichtlich von großer Bedeutung, als wir noch vor Jahrhunderten oder sogar Jahrtausenden als Nomaden gelebt haben.

Diese primäre Angst vor dem Verlassenwerden tragen wir noch immer in uns. Neugeborene drücken noch immer mit Geschrei ihr Bedürfnis nach Betreuung und Aufmerksamkeit aus, und der Erwachsene erkennt ohne Hilfe von Sprache, wie sich der Säugling fühlt. In den sensiblen Kleinkinderjahren haben wir so manches Mal die Angst vor dem Verlassenwerden gespürt, sobald unsere Eltern uns anderen Personen überließen und aus unserem Ge-

Die Kunst, allein zu sein

sichtsfeld entschwanden. Vielleicht haben wir uns später auch von Freunden oder Verwandten vernachlässigt oder sogar abgelehnt gefühlt. Wir reagierten automatisch mit einem bekannten Gefühl und schufen uns damit ein Grundmuster für das Alleinsein.

Das Gefühl der Einsamkeit ist eng mit unserem genetischen Ursprung verknüpft und keine allein gelernte Reaktion – zumindest am Anfang. Weil diese Angst vor dem Verlassenwerden so tief im menschlichen Wesen verwurzelt ist, kann unser rationales Denken von ihr oft überwältigt werden.

Der Mensch ist natürlich auch ein Wesen der Vernunft. Während wir heranwachsen, lernen wir, mit unseren Gedanken in der Vergangenheit zu kramen, um Erlebnisse miteinander zu vergleichen und abzuwägen, anstatt völlig in der Gegenwart zu leben, wie es die meisten anderen Lebewesen tun. Bei unserer Suche in der Vergangenheit stoßen wir oft auf unangenehme Gefühle, wie zum Beispiel das der Verlassenheit, und können dieses in Gedanken immer wiederholen und aufleben lassen, auch wenn die eigentliche Situation, die dieses Gefühl verursacht hat, schon lange vorbei ist. Das kann zum Teil ein Grund für unser Einsamkeitsgefühl als Erwachsener sein. Weil wir mit unseren Gedanken alte Erinnerungen wachrufen können, besteht dabei jedesmal die Gefahr, daß wir uns ge-

Die heilende Kraft des Alleinseins

nauso hoffnungslos allein fühlen wie in unserer Kindheit. Unsere jetzige Vereinsamung kann tief in unserer Kindheit verwurzelt sein; unsere gegenwärtige Lebenssituation ist wie eine Wiederholung der bereits erlebten.

Sobald wir uns unserer alten Ängste bewußt werden, die uns in unserer Kindheit durch häufiges Alleingelassenwerden zugefügt worden sind, haben wir die Möglichkeit, uns von diesen Erinnerungen zu lösen. Wenn wir dies gelernt haben, können wir mit unserer gegenwärtigen Einsamkeit leichter umgehen und sie vielleicht sogar überwinden, weil sich durch das Bewußtwerden der Kindheitseinsamkeit in uns ein Heilungsprozeß vollzogen hat.

Chronisches Einsamkeitsempfinden kann in der Tat durch alte Erinnerungen aufrechterhalten werden, kann jedoch auch durch bestimmte Gedankenvorgänge hervorgerufen werden. Menschen, die sich einsam fühlen, haben die Angewohnheit, sich beständig in das Gefühl der Einsamkeit hineinzudenken. Um sich von dieser Gedankenkette zu befreien, müssen Sie sich diese Denkgewohnheiten bewußtmachen.

Wenn Sie sich ständig allein fühlen, laufen bestimmte Gedanken, Vorstellungen und alte Erinnerungen durch Ihren Kopf, tagein, tagaus, die Ihr chronisches Einsamkeitsgefühl reizen und bestäti-

Die Kunst, allein zu sein

gen. Die Frage wäre nun, wie man sich dieser Gedanken und Gewohnheiten bewußt wird.

In dieser Hinsicht ähnelt unsere Vernunft einem Computer, der so programmiert ist, daß er immer wieder die gleiche Information gibt. Wir verdanken diesem Computer, in unserem Falle der Vernunft, sich wiederholende Verhaltensweisen und emotionale Reaktionen. Solche Programmierungen sind Teil unseres menschlichen Rüstzeugs. Um sich einer unerwünschten Programmierung zu entledigen, müssen wir uns zu unserem Computer Zutritt verschaffen, das Problem genau betrachten und das alte durch ein neues, für uns mehr zufriedenstellendes Programm ersetzen. Wie Sie sich jedoch vorstellen können, ist es manchmal schwierig, sich von alten Gewohnheiten zu lösen. Es ist uns bekannt, daß einprogrammierte Gedanken nicht aus unserem Geist entfernt werden können, sofern man dem Gehirn selbst keinen Schaden zufügen möchte. Ein wichtiger Schritt zur Umstellung negativer Denkweisen ist die Einführung neuer Gedankenmuster, neuer Gewohnheiten und neuer Verhaltensweisen, die uns mehr entsprechen. Dadurch werden unsere alten Einprogrammierungen zum Stillstand gebracht und lösen sich allmählich auf, da sie sich ohne die nötige Energie nicht mehr aufrechterhalten können.

Natürlich ist es nicht so, daß unser persönliches

40

Die heilende Kraft des Alleinseins

Wachstum allein an die Zerstörung alter Denkweisen geknüpft ist. Wir sollten lediglich unsere Aufmerksamkeit und Energie von den alten Vorstellungen ablenken, und diese Kraft bewußt auf neue zufriedenstellende Gewohnheiten richten. Die neue Lebenseinstellung, die auf dem Prinzip der Freude beruht, wird allmählich alte Gewohnheiten ersetzen: Mit neuen Vorstellungen finden wir mehr Freude und Frieden im Leben.
Wenn Sie Ihre Einsamkeit überwinden wollen, sollten Sie es sich zur Gewohnheit machen, Ihre Denkmuster, die Sie in diesen Zustand bringen, zu verfolgen. Sie können sich diese Gewohnheit aneignen, indem Sie täglich mehrere Male mit Ihrer Tätigkeit aufhören und Ihre letzten Gedanken beobachten.

Ich möchte nun, daß Sie sich für ein paar Minuten einen ganz normalen Arbeitstag vorstellen. Nehmen Sie einen tiefen Atemzug – entspannen Sie Ihre Schultern. Stellen Sie sich vor, an einem Werktag morgens aufzustehen. Welche Gedanken gehen Ihnen durch den Kopf, während Sie aus dem Bett klettern. Sind Sie bereits mit Zukunftsplänen beschäftigt? ... Und wie fühlen Sie sich auf dem Weg zur Arbeit? ... Welche Gedanken tauchen immer wieder auf, wiederholen sich täglich? ... Und was denken Sie, wenn Sie mit anderen zusammen sind, am Arbeitsplatz, zum Mit-

41

Die Kunst, allein zu sein

tagessen? ... Beobachten Sie Ihre Vorstellungen und Gewohnheiten, und wie diese Ihr tägliches Leben beeinflussen. Welche Gedanken verstärken Ihr Einsamkeitsgefühl? ... Und wie fühlen Sie sich, wenn Sie am Nachmittag oder abends nach Hause kommen? ... Welche unterschwelligen Worte wiederholen sich ständig in Ihren Gedanken? ... Und wenn Sie sich abends zur Ruhe legen, welche Erinnerungen oder Ideen treten auf, die Ihr Gefühl für Einsamkeit hervorrufen? ...

Wenn Sie sich diese Selbstbetrachtung zur Gewohnheit machen, entdecken Sie, welche negativen Denkweisen Sie in Ihrem Bewußtsein ständig aufrechterhalten. Selbstbetrachtung hilft Ihnen, frühe Erinnerungen und Denkmuster, die Ihr Einsamkeitsgefühl für so viele Jahre hindurch bestätigt haben, klar zu erkennen.

Im Kindesalter haben wir uns mit unseren Eltern oder einer uns nahestehenden Person identifiziert. Als Erwachsener haben wir uns dann in den meisten Fällen eine Partnerschaft aufgebaut und neue Beziehungen geformt, in denen wir uns ähnlich versorgt und geliebt gefühlt haben.

Wenn solch eine Beziehung abbricht, fühlen wir uns oft furchtbar allein und verlassen, bis wir dann unsere eigene Identität und Reife finden oder uns erneut an jemand ähnlichen klammern.

Die heilende Kraft des Alleinseins

Während Sie diesen Text lesen und die beschriebenen Übungen praktizieren, erinnere ich Sie immer wieder daran, sich an bestimmte Situationen in Ihrer Kindheit zu vergegenwärtigen, in denen Sie sich sehr verlassen gefühlt haben und vom Einsamkeitsgefühl überwältigt wurden. Vergleichen Sie diese Situation mit Ihrem jetzigen Leben. Wenn Sie den Ursprung Ihres Einsamkeitsgefühls als Erwachsener ehrlich erkennen, machen Sie einen ersten Schritt, sich davon zu lösen.

In meiner Arbeit als Therapeut habe ich oft festgestellt, daß viele Menschen den ursprünglichen Grund für ihr Einsamkeitsgefühl nicht klar erkennen können. Sie neigen dazu, die Schuld für ihr Einsamkeitsgefühl auf eine kürzlich abgebrochene Beziehung zu schieben und glauben, dies sei der einzige Grund für ihre Schmerzen. Tatsache ist jedoch, daß der kürzliche Verlust in ihrem Leben lediglich das letzte Glied einer Kette ähnlicher Ereignisse ist. Um sich endlich von diesen Gefühlen zu befreien, sollten wir unsere Verluste und Trennungen zuerst genau betrachten und Trauer, Zorn und Schmerz noch einmal durchleben und das Geschehen als das akzeptieren, was es ist.

Unser Leben beginnt bereits bei der Geburt mit einer ersten Trennung vom Mutterleib, und später treten immer wieder Phasen der Trennung auf. Im Kleinkindalter entwickeln wir unseren eigenen Wil-

Die Kunst, allein zu sein

len, und später findet eine letzte Trennung von unseren Eltern statt, damit wir als Erwachsene uns neue Verbindungen suchen und ein selbständiges Leben führen können. Diese Phasen der Trennung von unseren Eltern sind für die menschliche Persönlichkeitsentwicklung notwendig und ganz normal. Selbstwertgefühl und Identität des Kindes verstärken sich Schritt für Schritt, so daß bei der Trennung vom Elternhaus normalerweise kein Trauma entsteht.

Doch bei jedem neuen Distanzschaffen vom Elternhaus besteht die Gefahr, daß wir uns dabei auch verlassen fühlen. Und wenn wir noch nicht bereit sind für den nächsten Schritt in Richtung Unabhängigkeit, kann dies das Gefühl von Verlust und Einsamkeit zur Folge haben. Es gab bereits Momente, in denen meine Frau und ich uns der Herausforderung gegenüber sahen, unseren kleinen Sohn sich selbst zu überlassen, damit er erkennen kann, daß wir seinen Forderungen und Wünschen nicht ständig nachgeben können. In diesen Situationen hat er Zorn und Schmerz gespürt; doch vertrauen wir darauf, mit Hilfe unseres Eltern-Instinkts den richtigen Weg einer natürlichen Trennung stattfinden zu lassen. Als Eltern haben wir die oft nicht einfache Aufgabe, das Unabhängigkeitsgefühl in unseren Kindern fördern und heranreifen zu lassen. Das Schwierige daran ist, diese

44

Die heilende Kraft des Alleinseins

Ermutigung zur Selbständigkeit zur rechten Zeit zu machen.

Auch wenn wir es noch so gut meinen, können wir als Eltern doch niemals perfekt sein. Jedes Kind hat sich zu manchen Zeiten einsam und verlassen gefühlt; als Eltern können wir nicht immer den richtigen Zeitpunkt für einen Trennungsvorgang bestimmen. Oft können wir das Bedürfnis nach Abstand mit der Entwicklungsstufe des Kindes zeitlich nicht genau abwägen. Wenn wir im Kindesalter unsere Selbständigkeit erlernen, kostet es uns manchmal viel Mühe, mit unseren Gefühlen fertigzuwerden.

Für manche Kinder ist es ebenso schwierig, ihre eigene Unabhängigkeit zu finden, wenn ihnen zu wenig Freiheit gegeben wird und es ihnen schwerfällt, sich von der Herrschaft ihrer Eltern zu befreien.

In unserer heutigen Gesellschaft sehen sich viele Kinder mit einer frühzeitigen Trennung von ihren Eltern konfrontiert; besonders, wenn die Eltern geschieden sind oder zu wenig Zeit mit den Kindern verbringen. Andere Kinder spüren das Gefühl der Trennung, weil ihre Eltern, obwohl diese oft anwesend sind, sie nicht mit ausreichender Liebe und Aufmerksamkeit versorgen, da die Eltern selbst unter frühzeitiger Trennung gelitten haben. Auch wenn diese Eltern niemals die Absicht haben, ihre Kinder allein zu lassen, spüren die Kinder den Lie-

45

Die Kunst, allein zu sein

besentzug und nehmen dieses Gefühl als ein Verlassensein auf.

Als Erwachsene können wir die Herausforderung
annehmen, uns über die Geschehnisse in unserer
Kindheit klarzuwerden. Wir müssen unsere eigene
Erziehung anerkennen und akzeptieren lernen. Wir
müssen herausfinden, wie unsere Gedanken und
Gefühle in unserer Kindheit beeinflußt wurden,
ohne irgend jemanden oder uns selbst Schuld zu
geben; um schließlich unsere alten emotionalen
Wunden zu heilen und reifere emotionale Verhaltensweisen zu entwickeln.

Im letzten Kapitel haben Sie Übungen und Meditationen gelernt, die Ihnen zeigten, wie Sie auf das
Alleinsein reagieren, und welche Verhaltensweisen
Sie zwischen Alleinsein und Mit-anderen-Sein entwickelt haben. Ebenso haben Sie gelernt, auf welche Weise Sie Ihre negativen emotionalen Verhaltensweisen durch Erinnerungen, Denkgewohnheiten und Einstellung aufrechterhalten. Da es Ihnen
nun klar geworden ist, daß Ihre jetzigen Gefühle oft
durch frühe Erlebnisse geprägt wurden – sei es
durch positive oder negative Erinnerungen – wäre
es an der Zeit festzustellen, welche dieser Erinnerungen ursprünglich Ihr Gefühlsleben beeinflußt
haben.

Das Schwierige dabei ist, all die Gefühle des Verlassenseins und der Einsamkeit noch einmal zu er-

Die heilende Kraft des Alleinseins

leben, sie einfach zu wiederholen, ohne sich dabei in den gewohnten Schmerz zu verlieren. Wenn Sie sich im Schmerz verlieren, schaden Sie nur sich selbst. Das ist ein weiterer Grund, weshalb ich Sie immer wieder darauf hinweise, während dieser Übungen mit Hilfe Ihrer Atmung und Ihres Körperbewußtseins hier in der Gegenwart zu bleiben. Auf diese Weise lernen Sie, mit sich selbst zu sein, und geben sich die Unterstützung, die Sie in der Vergangenheit nicht erhalten haben. Sie sind dabei Ihr einziger Zeuge und Lehrer. Während Sie Ihre Vergangenheit noch einmal erleben, werden Sie feststellen, daß sich Ihre Beziehung zu den Erinnerungen verändert und sie zu heilen beginnen. Jeder von uns kennt das Verlassensein; was wir jedoch lernen müssen, ist, uns niemals selbst zu verlassen.

Nachdem Sie den nächsten Absatz beendet haben, legen Sie das Buch beiseite, und richten Sie Ihre Aufmerksamkeit, ohne jegliche Anstrengung, auf Ihre Atmung … Spüren Sie Ihren Herzschlag oder Puls … Nehmen Sie sich die Zeit, Ihren ganzen Körper auf einmal wahrzunehmen … Versuchen Sie nun, sich an Zeiten in Ihrer Kindheit zu erinnern, in denen Sie sich einsam oder verlassen gefühlt haben … Und denken Sie daran, daß Sie nun als Erwachsener diesem

Die Kunst, allein zu sein

Kind helfen können ... Atmen Sie ruhig weiter, während Ihre Erinnerungen aufsteigen ...

Wenn wir allein sind, besteht die Gefahr, daß wir die Einsamkeit oft als Leere empfinden. Wir können jedoch diese Leere als etwas Positives ansehen und sie mit unserer »alleinigen« Gegenwart füllen. Ihre Atmung dient Ihnen dabei als Vorlage. Jedesmal, wenn Sie ausatmen, drücken Sie die Luft aus sich heraus und bilden sozusagen ein Vakuum, eine Leere. Die Luft, die Sie soeben eingeatmet haben und die sich in Ihrer Blutbahn befindet, in Ihrem innersten Zentrum, wird herausgedrückt, und Sie »verlieren« sie in diesem Augenblick. Wenn Sie völlig ausgeatmet haben, spüren Sie eine Leere: Stellen Sie sich vor, diese Leere mit Ihrem innersten Wesen, das stets allein ist, zu verbinden ... Und dann atmen Sie von ganz allein wieder ein, tanken sich auf; die Innenwelt begegnet aufs neue der Außenwelt ... Und dann spüren Sie wieder den Drang auszuatmen; in Ihrem inneren Wesen wieder leer und allein zu sein ... Pflegen Sie die Beziehung zu dieser inneren Leere ganz bewußt. Wenn Sie den Wert dieser inneren Leere schätzen lernen, wird Ihre Einsamkeit bald der Vergangenheit angehören.

KAPITEL DREI

So werden Sie Ihr bester Freund

Während Sie diese Worte lesen, wäre es gut, einmal darüber nachzudenken, wer zur Zeit Ihre wirklichen Freunde sind. Wer steht in diesem Augenblick Ihrem Herzen am nächsten? Wen können Sie um Rat und Hilfe fragen, und wer ist für Sie da, wenn Sie Liebe, Verständnis und Ermutigung brauchen?

Das Eigenartige an einer Freundschaft ist, daß jede Person, egal wie sehr diese Sie liebt, sich selbst stets wichtiger findet. Letzten Endes steht bei jedem die eigene Loyalität an erster Stelle. Wenn wir danach noch genügend Liebe und Energie übrig haben, können wir diese an unsere Freunde weitergeben. Wie schon weiter oben dargelegt, stellt uns Jesus vor die Herausforderung, unseren Nächsten ebenso zu lieben wie uns selbst – aber auch nicht mehr als uns selbst. In der christlichen Tradition wird jedoch die Vorstellung gepflegt, daß der Mensch selbstlos leben und die Bedürfnisse ande-

49

Die Kunst, allein zu sein

rer vor seine eigenen stellen sollte. Wenn jemand sich selbst wichtig genommen hat, wurde das als selbstsüchtig und sogar als sündhaft betrachtet. Sich selbst als die wichtigste Person im Leben zu sehen, wurde als unchristlich verurteilt.

In meiner Praxis bin ich häufig Patienten begegnet, die mit der Selbstliebe und der Fähigkeit, ihr eigener bester Freund zu sein, ernsthafte Schwierigkeiten hatten. Besonders dann, wenn ihnen bereits im frühen Kindesalter eine selbstlose Lebensweise eingeimpft wurde. Wann immer diese Menschen den Wunsch empfanden, sich selbst wichtiger zu nehmen als andere, wurden sie von Schuldgefühlen geplagt, weil dies angeblich nicht ihrem christlichen Glauben entspreche. Sie kämpften ständig gegen ihre eigenen Bedürfnisse.

Als junger Mann war ich Pfarrer einer christlichen Gemeinde. Damals habe ich aus erster Hand den Konflikt miterlebt, in dem sich so viele Gemeindemitglieder befanden – ein Konflikt, der sich aus den Vorstellungen von Selbst- und Nächstenliebe bildet. Tatsächlich wurde ich von christlichen Autoren und Theologen so manches Mal attackiert, weil ich der Meinung war, daß der Mensch zuerst sein eigenes Bewußtsein und alte Gewohnheiten verändern sollte, bevor er anderen helfen kann.

Natürlich ist es auch wahr, daß sich viele Menschen in ihrer eigenen Selbstgefälligkeit gehen lassen,

50

So werden Sie Ihr bester Freund

ohne jemals Rücksicht auf andere zu nehmen. Ebenso ist es wahr, daß die angebliche Hilfe, die manche Menschen bieten, für ihre Mitmenschen eher ein Hindernis ist und deren natürliche Entwicklung negativ beeinflußt.

In dieser Hinsicht scheinen die Worte Jesus hilfreich zu sein, daß man seinen Nächsten ebenso lieben und ihm helfen soll, wie man sich selbst lieben und sich helfen soll. Diese Worte dienen als innere Richtlinie und zeigen uns den goldenen Mittelweg. Ein Hauptanliegen dieses Buchs ist, Ihnen einen Weg zu zeigen, wie Sie ein ausgeglichenes Leben führen und sich selbst und anderen dabei helfen können. Mit anderen Worten, in dem Maße, in dem Sie Ihr eigener bester Freund werden, werden Sie gleichzeitig und ganz automatisch ein besserer Freund für andere. Sie verwirklichen diesen Vorsatz nur, wenn Sie ihn ausprobieren und direkt leben – je mehr Liebe Sie für sich selbst empfinden, desto mehr Liebe können Sie mit anderen teilen. Liebe ist etwas Wunderbares und in ausreichendem Maße vorhanden. Unsere Aufgabe ist es, diese Energie, die wir Liebe nennen, in unser eigenes Wesen zu leiten, um sie durch uns an unsere Umwelt weiterzugeben.

Zu Beginn dieses Kapitels habe ich Sie nach Ihrem jetzigen besten Freund gefragt. Wenn Sie darauf andere Namen, nur nicht sich selbst, als Antwort

Die Kunst, allein zu sein

gaben, kann das schon einiges über Ihre Selbstbeziehung aussagen. Zumindest bedeutet das, daß Sie noch nicht viel über Ihre Beziehung zu sich selbst nachgedacht haben. Die Freundschaft zu sich selbst ist nämlich die wichtigste im Leben.

Nehmen Sie sich nun ein paar Minuten Zeit, um über diese Beziehung nachzudenken. Werden Sie sich zuerst wieder Ihrer Atmung bewußt ... Fühlen Sie Ihren Herzschlag oder Puls ... Ihren ganzen Körper ... Denken Sie an die Freundschaft ... Auf die Vorstellung, Ihr eigener bester Freund zu werden ... Wie gefällt Ihnen dieser Vorschlag? ... Welche Bedeutung spielt das in Ihrem Leben? ... Was würden Sie in Ihrem Leben anders machen, wenn Sie Ihr bester Freund wären? ...

Es gibt einen ganz bestimmten Grund, warum wir unser eigener bester Freund sein sollten. Kein anderer außer uns selbst weiß, was wir im Leben brauchen, um ein sich lohnendes und erfülltes Leben zu führen. Deshalb ist es ganz klar, daß ein jeder von uns für sein eigenes Leben verantwortlich ist und ein harmonisches Gleichgewicht sucht.

Lassen Sie uns einen tieferen Blick auf unsere Beziehung zu uns selbst werfen. Eine Beziehung erfordert zuerst einmal einen Partner, auf den man

So werden Sie Ihr bester Freund

sich beziehen kann. Auf wen können Sie sich in Ihrem inneren Wesen beziehen? Wenn man sein eigener bester Freund wäre, dann müßte man auch logischerweise zumindest zwei sich ergänzende Wesen in sich tragen. Wenn man sein eigener bester Freund wäre, müßte man eigentlich ein Gefühl der Gegensätzlichkeit in sich spüren.

Tatsächlich leben in uns eine Anzahl verschiedener Persönlichkeiten. Ganz grob gesagt, könnte man zum Beispiel behaupten, das wir einerseits logische Vernunftwesen sind, andererseits aus unserem physischen Körper, unseren Gefühlen bestehen. Da wir für gewöhnlich unserer Vernunft die Leitung unseres Lebens überlassen, stellt sich die Frage, ob und in welchem Ausmaß unsere Vernunft eine Freundschaft mit unseren Gefühlen und Empfindungen pflegen kann. Inwiefern sind wir an unserer körperlichen Gesundheit interessiert? Erlauben wir uns ausreichend körperliche Bewegung, gesunde Ernährung, genügend Ruhe, und geben wir uns genügend Raum für unsere Gefühle und Emotionen? Oder gehören wir zu denjenigen, die überhaupt nicht auf ihren Körper hören und deren Vernunft die Oberhand hat?

Es ist gar nicht so einfach, unser eigener bester Freund zu sein. Das Schlimmste und Gefährlichste, was wir uns selbst antun können, ist, unseren Körper zu vernachlässigen. Allein Sie selbst sind für die

Die Kunst, allein zu sein

Gesundheit Ihres Körpers verantwortlich. Und es ist eine Ihrer wesentlichsten Aufgaben im Leben, auf Ihren Körper sorgsam zu achten. In welchem Ausmaß sind Sie sich dieser Verantwortung bewußt? Und inwiefern haben Sie damit Erfolg?

 Nehmen Sie sich ein paar Minuten Zeit, und legen Sie das Buch wieder zur Seite ... Werden Sie sich Ihrer Atmung bewußt ... Spüren Sie Ihren ganzen Körper, von Kopf bis Fuß ... Beobachten Sie, ob Sie eine gute Beziehung zu Ihrem Körper haben ... Und auf welche Weise pflegen Sie diese Beziehung ... Oder vernachlässigen Sie diese? ...

Um eine Freundschaft zwischen unserer Vernunft und unseren Gefühlen herzustellen, gibt es eine einfache Methode, die leicht übersehen wird. Im Grunde reagiert der menschliche Körper entweder auf Schmerz oder auf Wohltat. Unser Körper ist auf der Suche nach Wohlbefinden und verabscheut den Schmerz. Mit dem Wort Wohlbefinden meine ich nicht nur körperliches Wohlbefinden, obwohl das auch eine wesentliche Rolle spielt. Ich meine damit ebenso das Gefühl der Vitalität, Gesundheit, Lebensfreude und Ihr Verbundensein mit der Gegenwart.

Ich bin mir sicher, daß sich ein jeder von uns zu-

So werden Sie Ihr bester Freund

weilen großartig, voller Energie und Lebensfreude gefühlt hat. Wenn Sie jemanden lieben, dann möchten Sie doch dieses Gefühl mit ihm/ihr teilen, oder? Wenn Sie sich selbst lieben, möchten Sie deshalb ihrem Körper ebenso die Gelegenheit der Freude und des Wohlbefindens bieten.

Erlauben Sie mir, Ihnen mit ein paar kurzen, jedoch wirksamen Sätzen, die in Form einer Aussage bestehen, einen Einblick in die Beziehung zu Ihrem Körper zu geben. Diese Aussagen werden in der Psychologie häufig dafür verwendet, eine Verbindung zwischen geistigen Vorstellungen und körperlichen Empfindungen herzustellen. Einige dieser Behauptungen sind in positiver, andere in negativer Form dargestellt. Diese Aussagen provozieren Sie zu einer Auseinandersetzung in Ihrem Inneren, indem Sie bejahen oder verneinen oder sich nicht entscheiden können. Manchmal werden Sie feststellen, daß Sie einerseits mit den Aussagen übereinstimmen, gleichzeitig jedoch ganz anderer Meinung sein können. Während Sie sich mit den Übungen und Meditationen in diesem Buch vertraut machen, erweitern Sie Ihr Verständnis für sich selbst. Deshalb wird sich Ihre Meinung immer wieder verändern.

Betrachten Sie die folgenden Aussagen als eine Art Katalysator, mit dessen Hilfe Sie ein tieferes Verständnis für Ihren Körper finden. Während der

Die Kunst, allein zu sein

nächsten Wochen rate ich Ihnen, immer wieder einmal diese Seite im Buch aufzuschlagen, einige dieser Behauptungen zu lesen, dabei auf Ihre Atmung zu achten und Ihre Reaktion zu spüren. Versuchen Sie, diese Sätze manchmal auch laut auszusprechen, um damit eventuell eine stärkere Wirkung zu erzielen.

 Lesen Sie zuerst einmal den Satz ... Dann wiederholen Sie ihn für sich selbst ... Wenn Sie wollen, sprechen Sie ihn laut ... Schließen Sie Ihre Augen ... Werden Sie sich Ihrer Atmung bewußt ... Und lassen Sie alle Gefühle oder Gedanken zu, die in diesem Moment an die Oberfläche kommen wollen ... Während Sie den Satz innerlich wiederholen:
1. Ich möchte, daß sich mein Körper wohl fühlt.
2. Ich schäme mich, wenn ich den Wunsch habe, etwas Gutes für meinen Körper zu tun.
3. Ich mag meinen Körper gar nicht leiden. Mein Körper ist nicht gut genug.
4. Manchmal tut es mir leid, wie ich meinen Körper behandle.
5. Ich frage mich ängstlich, was passieren könnte, wenn ich mich völlig dem körperlichen Wohlbehagen hingebe.
6. Es scheint mir nicht richtig, den Wunsch zu haben, sich in meinem Körper ständig wohl zu fühlen.

So werden Sie Ihr bester Freund

7. Ich weiß nicht, wie ich mich selbst lieben soll.
8. Der menschliche Körper ist nichts anderes als ein Werkzeug für den Willen Gottes.
9. Ich liebe meinen Körper sehr.
10. Es gibt zwischen meinen Gedanken und meinem Körper keinen Unterschied – sie sind ein und dasselbe.

Da unsere Gedanken Teil unseres Körpers sind, kann man behaupten, daß es tatsächlich keinen Unterschied zwischen Geist und Körper gibt. Zusammen bilden sie eine Einheit, die nicht unterbrochen oder zerlegt werden kann. Im Leben machen wir jedoch die Erfahrung, daß unsere Vernunft vom Körper getrennt ist. Sie kennen sicherlich das Gefühl, ganz in Gedanken verloren zu sein und das Bewußtsein für Ihren Körper zu verlieren, manchmal minuten-, manchmal sogar stundenlang. Jeder besitzt die Fähigkeit, seinen Körper völlig zu vergessen, als ob er etwas Separates, und nicht Teil des eigenen Selbst wäre.

Doch unser Körper bringt es immer wieder fertig, unsere Aufmerksamkeit auf ihn zu richten. Für gewöhnlich tritt plötzlich ein Hunger- oder Schmerzgefühl in unserem Bewußtsein auf, und wir sind gezwungen, unseren Gedankenlauf zu unterbrechen, um endlich den körperlichen Bedürfnissen nachzugehen.

Die Kunst, allein zu sein

Tatsächlich besitzt der Mensch Bereiche im Gehirn, die nur für das Denken, und andere, die nur für das körperliche Wohlbefinden verantwortlich sind. Wie gut diese Bereiche miteinander verbunden sind, hängt von unserer persönlichen Entwicklung und den erlernten Gewohnheiten ab.

Da die gegenseitige Beeinflussung dieser zwei Bereiche oft unbewußt geschieht und von uns unerkannt bleibt, sozusagen automatisch abläuft, braucht es ein wenig Übung und Beobachtungsgabe, um auf diese Gewohnheiten aufmerksam zu werden.

Um damit gleich zu beginnen, nehmen Sie sich ein paar Minuten Zeit, über Ihre eigene Erziehung nachzudenken. Auf welche Weise hat diese Ihr körperliches Empfinden beeinflußt? Welche Rolle hat dabei Ihr Vater gespielt? Hat er seinen Körper geliebt, war er der beste Freund seines Körpers, oder hatte er die Angewohnheit, seinen Körper oder Teile seines Körpers zu verleugnen oder sogar zu mißbrauchen? Hatte er eine freundschaftliche Beziehung zu seinem Körper oder eine feindschaftliche? … Hören Sie eine Weile mit dem Lesen auf. Wenn Sie wollen, schließen Sie Ihre Augen, richten Sie Ihre Aufmerksamkeit auf Ihre Atmung, und erlauben Sie den Erinnerungen an die Oberfläche zu kommen;

58

So werden Sie Ihr bester Freund

Erinnerungen an Ihren Vater und an die Beziehung, die er zu seinem Körper hatte ... Wie reagiert Ihr eigener Körper auf diese Erinnerungen?

Und wie steht es mit Ihrer Mutter? Welche Beziehung hatte sie zu ihrem Körper; war diese ehrlich, harmonisch und liebend? Oder fand sie immer wieder Mängel an ihrem Körper. Konnte Ihre Mutter Freundschaft mit ihrem eigenen Körper schließen? ... Welche Vorstellungen hat Ihre Mutter diesbezüglich an Sie weitergegeben? ... Denken Sie einmal gründlich darüber nach ...

Als nächstes erinnern Sie sich an die Menschen, mit denen Sie aufgewachsen sind. Welche Vorstellungen von Körper und Gesundheit bestimmte ihr Leben? Haben Sie von diesen Menschen gelernt, auf Ihren Körper zu achten und ihn zu lieben, oder haben Sie dabei das Gegenteil erlebt? ...

Wie fühlt sich Ihr Körper in diesem Moment? ... Waren Sie sich Ihrer körperlichen Gefühle und Bedürfnisse während des Lesens bewußt, oder haben Sie Ihren Körper dabei ganz vergessen? ... Nach diesem Absatz, hören Sie mit dem Lesen noch einmal auf, und richten Sie Ihre Aufmerksamkeit auf Ihren Körper ...

59

Die Kunst, allein zu sein

Wie fühlt sich Ihr Körper? … Stimmen Ihre Gefühle mit Ihrem Körpergefühl überein? … Sind Sie im Moment mit Ihrem Körper und den Gefühlen zufrieden? … Oder ist Ihnen ganz anders zumute? … Mit welchen Worten würden Sie Ihre Gefühle beschreiben? … Wie wichtig ist Ihnen Ihr Körper in diesem Augenblick? … Sie erwarten ständig von Ihrem Körper, gute Arbeit zu leisten. Geben Sie ihm genügend Liebe, und haben Sie Geduld, um die Bedürfnisse Ihres Körpers zu stillen? …

Auf dem Weg der Selbsterkenntnis werden Sie eine Anzahl verschiedener »Rollen« Ihrer Persönlichkeit entdecken. Das Innerste Ihres Wesens besteht aus einer bunten Gesellschaft, deren Mitglieder ständig miteinander in Verbindung stehen und aufeinander reagieren. In Ihrem Wesen sind zum Beispiel nicht nur ein erwachsener Mann oder eine erwachsene Frau lebendig, sondern auch ein kleiner Junge oder ein kleines Mädchen. Ebenso lebt in Ihnen ein Teenager oder Halbwüchsiger. Jede Frau trägt in sich auch einen männlichen Teil, und jeder Mann einen weiblichen. In Ihrem Wesen lebt der leidenschaftliche Liebhaber, im Gegensatz zum nüchternen Denker und Philosophen, der ebenso einen Platz in Ihrem Innersten hat. In Ihnen ist ein emotionales Wesen lebendig, das Gefühle wie Liebe und Wut, Freude und Verzweiflung, Begeisterung

60

So werden Sie Ihr bester Freund

und Depression, Seeligkeit und Angst kennt. Im Gegensatz zu Ihrem emotionalen Wesen finden Sie den kalten, analytischen Denker in Ihnen, der auf der Suche nach Wahrheit und Erkenntnis ist. In Ihnen lebt der Überlebenskünstler und der Verlierer. In Ihnen lebt der Schöpfer und der Zerstörer. Ihr Innerstes besteht aus vielen Widersprüchen. In Ihnen ist jeder Lebensabschnitt, jede Rolle, die Sie bisher gespielt haben, lebendig. Sie halten auch all diejenigen Menschen in sich lebendig, mit denen Sie in Ihrem Leben bisher vertraut waren. Ihre Mutter und Ihr Vater sind Teil Ihres inneren Wesens; Sie tragen Ihre Lehrer, Geschwister, Freunde und Liebhaber in sich. Sie bestehen aus den verschiedensten Gefühlen, Persönlichkeiten, Wünschen und Vorstellungen. Sie sind ein Wesen von ungeheurem Ausmaß, das sich in ständiger Bewegung, in ständigem Wandel befindet.

Häufig treten verschiedene Aspekte Ihrer Persönlichkeit gleichzeitig auf. Diese kommen entweder in Ihrem Bewußtsein miteinander zurecht oder bekämpfen sich gegenseitig.

Viele dieser inneren Persönlichkeiten dominieren über andere und glauben, die Leitung im Leben übernehmen zu müssen. In ihrer Vielfalt können sie als rücksichtsloser Diktator oder als besorgter Freund auftreten. Sie können ernster oder sanfter Laune sein, je nachdem wie Ihr Leben im Moment aussieht.

Die Kunst, allein zu sein

Nun stellt sich die Frage, in welcher Beziehung dieser in Ihnen dominierende und urteilbildende Charakter zu Ihren anderen Persönlichkeiten, Qualitäten, Wünschen und Neigungen steht.

Lassen Sie uns einmal einen ehrlichen Blick auf Ihren vorherrschenden Charakter werfen. Da Ihre Beziehung zu sich selbst hauptsächlich von Ihrem eigenen Werturteil abhängt, ist es wichtig, Ihre dominierenden Vorstellungen und Denkgewohnheiten kennenzulernen. Diese dominierenden Gedanken gewinnen oft die Oberhand über Ihre Gefühle im Leben. Kein Mensch kann sich völlig von der Herrschaft seiner Vernunft und Gewohnheiten befreien. Wenn wir jedoch unsere Selbsterkenntnis erweitern und wir mehr Zufriedenheit und Selbständigkeit im Leben erreichen wollen, sollten wir einen tiefen Blick auf unseren Charakter werfen. Das ist mitunter gar nicht so einfach. Wer hat in uns die Führung? Sind wir in unserem innersten Wesen, mit unserer Selbstkontrolle zufrieden?

Damit wir unsere Programmierung, die Denkfunktionen der uns dominierenden Persönlichkeit verstehen lernen, sollten wir erst einmal Abstand von diesen Denkvorgängen gewinnen und sie objektiv betrachten. Wir sollten lernen, unser Bewußtsein von der Vernunft zu trennen, mit anderen Worten: Wir sollten Zeuge unserer eigenen Gedanken werden.

So werden Sie Ihr bester Freund

Dieser Trennungsvorgang erlaubt uns, eine innere Freundschaft mit uns selbst aufzubauen, weil wir uns damit mehr Raum zum Nachdenken geben und uns aus einer anderen Sicht sehen können. Von diesem Standpunkt aus können wir unsere Selbsturteile genau betrachten und uns selbst akzeptieren lernen. Sich diesen Selbsturteilen mit offenem Herzen zu nähern ist Voraussetzung für ein erfülltes Leben.
Deshalb zeige ich meinen Klienten für gewöhnlich eine grundlegende Meditationsübung, die sie entweder allein im Sitzen und in Ruhe oder zu jeder beliebigen Tagesstunde, auch während der Arbeit, machen können. Diese Meditation hilft Ihnen, Ihre Gedanken und Urteile zu beobachten.

Um diese Art der Beobachtung zu erlernen, beginnen Sie damit, sich Ihrer Atmung bewußt zu werden. Das gibt Ihnen die Möglichkeit, Ihre Gedanken in Aktion zu sehen. Beobachten Sie, welche Dinge Sie als gut oder als schlecht betrachten. Sehen Sie einmal nach, welche Gedanken Sie immer wieder unterdrücken, und welche Sie bevorzugen ... Beobachten Sie, wie Sie sich selbst einschätzen, Ihre Fähigkeiten und Qualitäten beurteilen ... Können Sie eine Beziehung zwischen Ihrem Körper, dem Herzen und Ihrer Vernunft erkennen? Oder laufen Ihre Gedan-

Die Kunst, allein zu sein

ken ganz gefühllos ab? ... Betrachten Sie, mit welchen Vorstellungen Sie immer wieder bestimmte Gefühle in sich wachrufen. Während Sie Ihrem Tagesablauf nachgehen, beobachten Sie, welche Gedanken Sie im Geiste ständig wiederholen, welche Gefühle Sie damit auslösen ...

Werden Sie sich zuerst Ihrer Atmung bewußt. Erweitern Sie Ihre Aufmerksamkeit, so daß Sie Ihre Vernunft, Ihre Gedanken in Aktion sehen können. Wenn Sie Ihre ganze Aufmerksamkeit auf Ihre Atmung richten, verschaffen Sie sich genügend Abstand von Ihren Gedanken und können diese damit aus der Distanz sehen. Wir können unser Tun und Handeln nur dann objektiv betrachten, wenn wir die Dinge aus einem anderen Blickwinkel sehen. Erlauben Sie sich, durch bewußtes Atmen Ihre Perspektive zu erweitern. Diese Atemübung ist ganz einfach und trotzdem recht wirkungsvoll. In fast jedem meiner Bücher beschreibe ich diese Technik, weil sie ein wesentliches Werkzeug zur Erweiterung des Bewußtseins darstellt und persönliches Wachstum erlaubt.

Mit einem gewissen Abstand von der Vernunft können Sie Ihre Denkweisen klar erkennen. Nur wenn Sie regelmäßig auf Ihre negativen Gedanken und Vorurteile achten, können Sie eine Veränderung erwarten. Während Sie Ihre Gedanken beobachten,

So werden Sie Ihr bester Freund

bleiben Sie sich Ihrer Atmung bewußt, atmen Sie »in Ihre Gedanken hinein«. Sie werden dabei feststellen, wie Sie bestimmten Denkweisen immer weniger Energie schenken und sich damit von ihnen lösen. Zur gleichen Zeit hilft Ihnen diese Übung, mit Ihrem innersten Wesen, das jenseits Ihrer geschäftigen, ruhelosen Gedankenwelt liegt, Kontakt aufzunehmen. Wenn Sie mit sich selbst ehrlicher und bewußter leben wollen, sollten Sie sich diese zwei Gewohnheiten der Selbstbeobachtung aneignen: Beobachtung Ihrer Denkweisen durch bewußte Atmung und Kontakt mit Ihrem innersten Wesen.

Auf dem Weg der Selbsterkenntnis sollte man es sich zur Gewohnheit machen, sich nach innen zu wenden. Der einfachste Wegweiser dafür ist unsere Atmung. Sobald Sie sich Ihrer Atmung bewußt sind, schauen Sie nach innen. Dabei lernen Sie immer mehr, Ihr Tun und Handeln zu beobachten. In diesem Moment können Sie nichts anderes tun, als sich selbst zu beobachten, weil Sie den Strom des Bewußtseins nicht unterbrechen können. Sie können Ihr Selbst nicht zum Stillstand bringen. Sie sind unfähig, Urteile zu fällen. Sie können nur Zeuge Ihres Handelns sein.

Haben Sie schon einmal bemerkt, daß sich Ihre Atmung in ständiger Bewegung befindet? Und wenn Sie sogar den Atem anhalten, schlägt Ihr Herz trotz-

Die Kunst, allein zu sein

dem weiter. Atmung und Herzschlag sind Geschehnisse, die tiefer liegen als die Gedanken selbst, welche wir ständig im Geiste wiederholen. Wenn Sie deshalb Ihre Aufmerksamkeit auf Atmung und Puls richten, erhalten Sie einen tieferen Einblick in Ihr inneres Wesen. Machen Sie die folgende Meditation so oft wie möglich, um sich an die Kunst der Selbstbeobachtung zu gewöhnen und diese weiterzuentwickeln.

Nehmen Sie sich nun ein paar Minuten Zeit, um sich selbst besser kennen zu lernen ... Werden Sie sich Ihrer Atmung bewußt ... Spüren Sie, wie die Luft durch Ihre Nase ein- und ausströmt ... Richten Sie Ihre Aufmerksamkeit gleichzeitig auf Ihren Herzschlag oder Puls ... Werden Sie sich Ihres ganzen Körpers bewußt ... Erlauben Sie sich, ein Gefühl der Freundschaft zu Ihrem Körper zu entwickeln ... Wenn Sie sich Ihres ganzen Körpers bewußt sind, richten Sie Ihre Aufmerksamkeit ein wenig tiefer, in das Zentrum Ihres innersten Wesens ... Stellen Sie sich vor, eine Freundschaft mit den verschiedenen Dimensionen Ihres Innersten zu schließen, die wie Planeten auf einer Umlaufbahn um Ihr Zentrum kreisen ...

So werden Sie Ihr bester Freund

Wer sind Sie? Wer ist in Ihrem Innersten Ihr bester Freund? Nur Sie allein sind in der Lage, mit Ihrem innersten Selbst direkt in Verbindung zu treten. Freundschaft erfordert jedoch eine gewisse Aufmerksamkeit und regelmäßigen Kontakt. Echte Freundschaft verlangt ein gewisses Entgegenkommen, was immer Sie auch in sich entdecken. Öffnen Sie Ihr Herz, und akzeptieren Sie Ihr vielfältiges Wesen, damit es sich durch Ihr Tun und Handeln frei entfalten und äußern kann.

Nehmen Sie sich einen Augenblick Zeit zum Nachdenken. Was würde geschehen, wenn Sie sich täglich etwas Zeit für sich selbst nehmen, um Ihre Beziehung zu sich selbst zu pflegen? ... Welchen Einfluß hätte das auf Ihr Leben? ... Würde Ihre Umgebung davon Nutzen haben, wenn Sie mit sich selbst zufriedener leben könnten? ... Wiederholen Sie innerlich diese Fragen, während Sie täglich über Ihre Selbsterkenntnis meditieren ...

KAPITEL VIER

Akzeptieren Sie sich so, wie Sie sind

Sich selbst akzeptieren zu lernen kann eine der schwierigsten Aufgaben zur Entwicklung Ihrer inneren Freundschaft sein. Ein wesentlicher Grund, weshalb wir uns so wenig Zeit für uns selbst nehmen, ist, daß wir viele Aspekte unseres Wesens nicht akzeptieren wollen. Statt dessen verbannen wir gewisse Eigenschaften in uns, die unseren Selbstvorstellungen im Wege sind.

Wenn wir darin verharren, diese lästigen und oft geradezu peinlichen Seiten unseres Wesens zu ignorieren, sie völlig aus der Welt zu schaffen, dann ist und bleibt unsere Methode der Selbstverachtung erfolgreich. Wir können uns jedoch von unserem Selbst nicht lösen. Und je mehr wir Seiten unseres Selbst unterdrücken, indem wir ihnen keine Aufmerksamkeit schenken, desto lauter und lästiger treten sie auf. Das können wir vermeiden, indem wir sie akzeptieren und als Teile unseres Wesens aner-

Die Kunst, allein zu sein

kennen, um somit das Ziel unserer Lebensaufgabe zu erfüllen.

Sobald wir gewisse Aspekte unseres Wesens verleugnen, setzen wir uns selbst Grenzen und machen uns kleiner, als wir in Wirklichkeit sind. Wenn wir die immense Größe unseres Wesens ablehnen, wenn wir unser natürliches Selbst nicht akzeptieren und lieben lernen, dann sehen wir uns zwei Tatsachen gegenüber: Entweder wir lassen unsere Seele verkommen, oder wir werden von anderen, und manchmal auch von uns selbst, als oberflächlich, entfremdet und kalt betrachtet. Beides beeinträchtigt unseren inneren Frieden.

In diesem Kapitel will ich Sie durch Ihre Selbsteinschätzung führen, und zwar so, als ob wir direkt miteinander arbeiten würden. Ich zeige Ihnen direkte Wege, wie Sie lernen, sich selbst zu akzeptieren.

Sie haben bereits im vorhergehenden Kapitel gesehen, wie die Vernunft Ihre Gedanken, Gefühle und Ihr Handeln beeinflußt und diese stets einzuschätzen weiß. Deshalb ist es ratsam, sich mit der Frage der Selbsteinschätzung zu beschäftigen: Auf welche Weise beurteilen Sie sich selbst, und wie können Sie sich von negativen Vorurteilen befreien?

Die Fähigkeit, Dinge zu unterscheiden, sie abzuschätzen, ist für das menschliche Wesen ganz natürlich und sollte eigentlich nicht als etwas Nega-

Akzeptieren Sie sich so, wie Sie sind

tives betrachtet werden. Es ist sogar notwendig, daß wir Dinge und Situationen unterscheiden und zwischen gut und schlecht unterscheiden können. Im Laufe unseres Lebens lernen wir durch Erfahrung, was für uns am Besten ist oder was wir vermeiden sollten.

Ebenso kann eine realistische Selbsteinschätzung von großem Wert sein, denn gründliche Selbstkritik unserer Gedanken, Gefühle und Taten ist für ein erfülltes Leben recht nützlich.

Was für Sie jedoch von Schaden sein kann, sind chronische, negative Selbsturteile, die auf strikten Regeln und Vorschriften, Ethik und Ängsten beruhen. Während wir heranwuchsen, hat ein jeder von uns sein eigenes Selbstbild geprägt, das wir entweder durch Informationen von der Außenwelt, oder durch innere Erfahrungen entwickelt haben. Die Summe all dieser Erfahrungen und Erlebnisse ergab das Bild unserer Selbsteinschätzung und unseres Selbstwerts, das über unsere natürlichen Fähigkeiten, unser Recht, das Leben zu genießen, und über unsere Pflichten entschieden hat.

Wenn Kinder ganz natürlich und mit Liebe aufwachsen, entwickeln sie ein positives Selbstbild, das ihren Talenten und Grenzen entspricht. Sie lernen, mit sich selbst zufrieden zu sein und sich selbst zu akzeptieren, es sei denn, sie handeln gegen ihr natürliches Wesen, gegen ihre natürli-

Die Kunst, allein zu sein

chen Selbstvorstellungen, wer sie sind und was ihre Aufgabe ist.

Viele Kinder wachsen jedoch mit einem ungesunden Urteilsvermögen auf, da sie von ihrer Umgebung nichts anderes gelernt haben. Ihnen wurde schon frühzeitig beigebracht, daß sie von Natur aus ein sündhaftes Wesen haben, ohne Würde und minderwertig sind; und was immer sie auch tun, sie werden stets wertlos bleiben und zu nichts taugen. Manchmal kann man bei solchen Vorurteilen einen religiösen Einfluß erkennen; für gewöhnlich sind jedoch die Eltern selbst das Beispiel negativer Selbstbewertung. Wenn die Eltern sich selbst negativ einschätzen, sich in mancher Hinsicht minderwertig fühlen, geben sie diese Vorstellung unbewußt an ihre Kinder weiter. Dies kann manchmal generationenlang weitervererbt werden, bis der Nachwuchs sich eines Tages bewußt von diesen Vorurteilen befreit.

Hinter negativen Selbsturteilen stecken ein paar wesentliche Fragen: Sind Sie von Natur aus ein guter Mensch, und können Sie sich selbst akzeptieren? Oder sind Sie von Natur aus schlecht – oder entsprechen nicht ganz der Norm, sind häßlich, dumm, schrecklich verwirrt, neurotisch, schwach, ungebildet, verkommen? Es spielt keine Rolle, wie Sie sich einschätzen. Was am Ende zählt, ist die Frage, ob Sie sich selbst anerkennen können oder nicht.

Akzeptieren Sie sich so, wie Sie sind

Ich habe bisher in meiner Praxis noch keinen Klienten erlebt, der sich selbst rundum anerkannt hätte. Oft dominiert das chronische Selbsturteil, daß man nicht gut genug sei und man sich deshalb selbst nicht bestätigen könne. Das Ziel einer Therapie ist, sich von diesen Vorstellungen zu lösen, sein Selbstbild zu verbessern, ein Gefühl für Selbstliebe zu entwickeln und immer wieder auftretende Vorurteile der Vernunft zu vermeiden.

Nehmen Sie sich nun einen Augenblick Zeit, um über Ihr Selbstbild nachzudenken. Welche Vorstellungen haben Sie von sich selbst? Mögen Sie sich selbst leiden oder nicht? Können Sie sich akzeptieren, so wie Sie sind, mit all Ihren Problemen und Einschränkungen, mit all Ihren Schwächen und Fehlern? ... Oder stehen Sie mit sich selbst auf Kriegsfuß, verbannen Sie Ihr natürliches Wesen zu einem Leben in der Folterkammer? ... Hören Sie mit dem Lesen für einen Augenblick auf, atmen Sie, erlauben Sie, den Einsichten an die Oberfläche zu kommen.

Echte Freundschaft beruht auf Anerkennung und Mitgefühl. Man könnte auch sagen, daß man in einer echten Freundschaft Fehler und Mängel eher anerkennen sollte, als Vollkommenheit zu bewundern. Dinge, die für eine Freundschaft von Be-

Die Kunst, allein zu sein

deutung sind, gelten auch für die Beziehung zu uns selbst. Wenn wir mit uns selbst zufrieden leben wollen, müssen wir mit uns selbst Freundschaft schließen. Deshalb sollten wir unsere eigene Mangelhaftigkeit hinnehmen und Verständnis für unsere Schwächen haben. Wir sollten uns selbst lieben lernen und uns damit nicht zurückhalten, nur weil wir unserem Idealbild nicht entsprechen.

Manche Eltern belasten ihre Kinder mit so großen Erwartungen, daß sie ihnen die Möglichkeit nehmen, sich ganz natürlich zu verhalten. Viele ehrgeizige Eltern treiben ihre Kinder zu immer größeren Leistungen an. Um von ihren Eltern geliebt und anerkannt zu werden, glauben diese Kinder, daß sie besser sein sollten, als sie in Wirklichkeit sind. Daraus entwickelt sich eine Persönlichkeit, die in der Gegenwart keine Zufriedenheit kennt. Anstatt die Dinge so zu nehmen, wie sie sind, und das Leben zu genießen, setzen sie sich selbst immer höhere Ziele und wollen stets besser sein. Ihr eigentliches Selbstbild kann niemals ihrem Idealbild entsprechen. Deshalb finden sie selten die Gelegenheit, sich zu entspannen und den Augenblick zu genießen. Im Geiste vergleichen sie ständig ihre gegenwärtigen Leistungen mit ihren Idealvorstellungen. Und sobald sie dieses Niveau erreicht haben, fassen sie ein neues, höheres Ziel

74

Akzeptieren Sie sich so, wie Sie sind

ins Auge. Dieses neurotische Verhalten findet man in unserer heutigen Leistungsgesellschaft beinahe überall.

Uns wurde früh im Leben eingeimpft, daß wir, sobald wir uns mit all unseren Fehlern akzeptieren und dem Leistungsdruck widerstehen, wir auch keine Fortschritte im Leben machen. Die Angst vor diesem Leistungsdruck kann jedoch überwältigend sein, weil sie dem natürlichen Wesen des Menschen nicht entspricht. Wenn wir uns so anerkennen, wie wir sind, sind wir in Wirklichkeit genauso leistungsfähig und tatkräftig. Wir sollten von unseren Selbsturteilen nicht beherrscht werden, es sei denn, daß wir unsere natürlichen Grenzen überschreiten wollen.

Die heutige Gesellschaft fordert von uns jedoch mehr, als wir haben, und legt größeren Wert auf zukünftige Leistungen als auf Zufriedenheit und Freude im Leben. Das Ergebnis ist eine Wohlstandsgesellschaft voller unzufriedener Menschen, die alles haben, was sie brauchen, und nicht wissen, wie sie es genießen sollen. Wir sind so sehr in das Leben der Konsumgesellschaft verwickelt, daß wir uns als Opfer dieses Systems betrachten können. Das kann sogar so weit gehen, daß wir in dem Prozeß, Reichtümer zu horten, unsere eigene Freiheit verlieren.

Dabei verlieren wir nicht nur unsere Zufriedenheit

Die Kunst, allein zu sein

und Sorglosigkeit, sondern auch das Gefühl, wer wir eigentlich sind. Wir können nicht einmal für einen Moment mit unserer Arbeit aufhören, um mit uns selbst wunschlos glücklich zu sein und den Augenblick zu genießen. Sobald wir mit aller Tätigkeit innehalten, fühlen wir uns sofort unbehaglich; vielleicht haben wir sogar ein schlechtes Gewissen, weil wir faul sind; oder wir machen uns Sorgen, daß uns etwas Schlimmes zustoßen könnte, sobald wir uns für eine Weile zur Ruhe legen. Vielleicht haben wir sogar Schuldgefühle, wenn wir uns von jeglicher Geselligkeit zurückziehen.

Da selbständiges Denken und Unabhängigkeit nicht mit politischer Kontrolle vereinbar sind, sieht die Regierung keinen Grund, den Bürgern mehr Freizeit zu schenken, damit sie über ihr Leben nachdenken können. Über sich selbst nachzudenken wird nicht als soziale Handlung betrachtet. Selbsterkenntnis kann amtlich nicht aufgezeichnet werden, ist kein Beweis für besondere Leistung, hat keinen Platz in unserer politischen und wirtschaftlichen Struktur. Wenn sich der Mensch innerlich frei und zufrieden fühlt, ist er für den unterminierenden Einfluß der Lockungen des Konsumlebens weniger empfänglich. Im Zeitalter der Übersättigung durch Medien sowie des steigenden Konsums zufrieden und glücklich zu leben kann als eine revolutionäre

Akzeptieren Sie sich so, wie Sie sind

Tat betrachtet werden. Wenn Sie sich regelmäßig in Ihre eigene Welt zurückziehen und in Ihrer eigenen Gesellschaft zufrieden und sorglos leben, lernen Sie, sich vom manipulierenden Einfluß Ihrer Umwelt zu befreien.

Ein jeder von uns ist perfekt, so wie wir sind – und das ist kein Scherz. Trotz all der äußeren Einflüsse sollten wir uns die Mühe machen und herausfinden, wer wir eigentlich sind. Wir haben einen gesunden Körper und Verstand – was uns fehlt, ist, diesen Besitz zu genießen.

Weshalb sind Sie mit sich selbst im Moment unzufrieden? Vielleicht leiden Sie an einer Krankheit oder haben finanzielle Probleme oder ein gebrochenes Herz. Na und? Es gibt immer etwas an uns auszusetzen. Sie können sich gegen Ihre jetzigen Probleme wehren und trotzdem lernen, mit ihnen zu leben. Das ist manchmal gar nicht so einfach, weil wir dazu neigen, uns selbst abzulehnen, sobald wir Probleme haben. Es ist keine einfache Aufgabe, uns selbst zu akzeptieren, uns selbst lieben zu lernen, was immer auch auf uns zukommen mag.

Unsere kindliche Logik verbindet auf naive Weise Ursache und Wirkung unseres Handelns. Zum Beispiel stellen wir uns vor, daß, wenn uns etwas Schlimmes zustößt, wir auch selbst in unserem Inneren schlimm und schlecht sind. Als Kinder pfle-

Die Kunst, allein zu sein

gen wir auch manchmal den naiven Glauben, daß wir die Ursache für die Leiden anderer sein könnten. Es gibt unzählige Anlässe, die diese Vorstellung, daß wir nicht gut genug sind, bestätigen. Meistens erfahren wir das durch andere: Welchen Eindruck wir auf sie machen, welche Vorstellungen sie von sich selbst haben, wie sie uns behandeln, welchen Einfluß sie auf uns haben. Vor weniger als zwei Generationen haben die Experten den Eltern geraten, ihre Kinder durch Liebesentzug zu erziehen, um sie dadurch in den Griff zu bekommen und nicht zu verwöhnen. Die Folge war, daß diese Kinder oft Schwierigkeiten hatten, sich mit der Außenwelt zurechtzufinden. Damals wurden die Säuglinge auf ein Ernährungsprogramm eingestellt, das sich über die natürlichen Bedürfnisse des Kindes hinwegsetzte. Unsere heutige Gesellschaft versucht, sich gegenwärtig von diesen Erziehungsfehlern zu erholen: von unterdrückter Sexualität, Scham- und Schuldgefühlen, die auf religiöse Anschauungen basieren sowie von psychologischen Problemen in den Familien.

Der einzelne Mensch sollte sein Bestes tun, die verschiedenen Erziehungsmethoden seiner Kindheit zu erforschen, nicht um die Schuld auf andere zu schieben, sondern um seine Programmierungen und Denkweisen kennenzulernen und, wenn notwendig, sich davon zu befreien. Während die-

Akzeptieren Sie sich so, wie Sie sind

ser Überprüfung sehen wir uns der unvermeidlichen Tatsache gegenüber, uns selbst und anderen zu vergeben. Um uns von unseren strengen Selbsturteilen, die wir zum Teil von unseren Eltern oder anderen übernommen haben, zu befreien, müssen wir lernen, diesen Menschen zu vergeben.

Nehmen Sie sich während der nächsten Wochen und Monate immer wieder Zeit, um herauszufinden, weshalb Sie so wenig von sich halten und mit sich selbst so streng sind ... Werfen Sie einen Blick auf Ihre Kindheit zurück, und bringen Sie in Erfahrung, wie und auf welche Weise Sie Ihre Selbsturteile erlernt haben ... Haben Sie sich selbst Vorwürfe gemacht? ... Während Sie sich an Geschehnisse erinnern, prüfen Sie, ob Sie bereit sind, anderen, die Sie durch negative Vorurteile verletzt haben, und sich selbst zu verzeihen. Versuchen Sie, diese Geschehnisse loszulassen ... Denken Sie daran, auf wie viele Weisen Sie gelernt haben, sich selbst zu beurteilen: durch Ihre inneren Selbstwertgefühle; durch Verbote und Strafen, die Ihnen auferlegt wurden; durch Liebesentzug oder Vernachlässigung von Eltern oder nahestehenden Menschen; durch das Gefühl, von jedermann verlassen zu sein; durch Ihre kindliche Logik, daß, wenn Sie sich schlecht fühlen,

Die Kunst, allein zu sein

Sie auch schlecht, ohne Bedeutung und wertlos sind; durch Worte und Taten, die Vorurteile ausdrückten ... Legen Sie nun das Buch zur Seite und werfen Sie noch einmal einen Blick auf Ihre Kindheit ... Werden Sie sich Ihrer Atmung bewußt und erlauben Sie, den Erinnerungen an die Oberfläche zu kommen ...

Sobald wir die Ursache dieser frühen, negativen Selbstbewertungen erkannt haben, können wir den Schaden, den wir uns damit angetan haben objektiver betrachten. Wir müssen verstehen lernen, welche Rolle unsere Selbsturteile im Leben spielen. Beim Versuch, uns von den Selbsturteilen zu befreien, neigen wir dazu, uns gegen sie zu wehren und sie zu bekämpfen. Mit anderen Worten, wir wollen die Vernunft mit der Vernunft bezwingen. Dabei befinden wir uns oft im Kampf gegen das Beurteilen selbst. Wir versuchen, unsere Programmierung von negativ auf positiv umzuschalten, anstatt uns von jeder Beurteilung frei zu machen.

Einerseits ist es ganz nützlich, unseren Selbstwert und das Ausmaß unserer Selbsturteile kennenzulernen. Wenn wir jedoch Gefühle und Gewohnheiten verändern wollen, sollten wir jegliche Bewertung und Beurteilung vermeiden. Wenn wir unseren wirklichen Selbstwert erkennen wollen, sollten

Akzeptieren Sie sich so, wie Sie sind

wir unsere Aufmerksamkeit bewußt von der Vernunft ablenken und sie direkt auf unseren ganzen Körper richten. In diesem erweiterten Bewußtseinszustand, der über unsere Vernunft hinausgeht, finden wir uns als ganze Person hier in der Gegenwart. Dabei entfällt jede Beurteilung in akzeptabel oder nicht akzeptabel.

Wenn wir uns unseres ganzen Körpers bewußt werden wollen, sollten wir unsere Aufmerksamkeit auf unsere Herzregion richten. Sobald wir uns in negative Selbsturteile verstricken, entfremden wir uns von unserem Herzen und dem Körper als Ganzes. Um glücklich und zufrieden zu sein, müssen wir den Verstand mit unserem Herzen verbinden. Wenn die Verbindung zwischen Herz und Verstand unterbrochen wird, sind Ruhelosigkeit und Unzufriedenheit die Folge. Menschen, die mit ihrem Herzen in Verbindung stehen, sind in den meisten Fällen gut Freund mit sich selbst. Materiell arme Menschen, die den Reichtum ihres Herzens besitzen, finden dadurch Ausgeglichenheit im Leben. Wenn man jedoch das Gegenteil lebt – sich mit Reichtümern umgibt, das Herz jedoch kalt bleibt – kann man das als wahre Armut bezeichnen.

Deshalb möchte ich Ihnen eine Meditation zeigen, die Sie mit Ihrem Herzen in Kontakt bringt und die Sie in Ihr Alleinsein einbeziehen können, um sich

Die Kunst, allein zu sein

von den selbstauferlegten Zwängen der Vernunft zu befreien. Sie werden feststellen, daß Sie wählen können, wohin Sie Ihre Aufmerksamkeit richten: auf Ihre Vernunft oder auf die Gefühle Ihres Herzens. Wenn Sie sich bewußt dafür entscheiden, Ihre Aufmerksamkeit auf Ihre Herzregion zu richten, bringen Sie sich mit dem Teil Ihres Wesens in Verbindung, der Ihnen das Gefühl gibt, nicht allein zu sein. Sie befreien sich damit von der gefühllosen Leere Ihrer starren Vorstellungen und füllen Ihr Wesen mit wahrer Selbstliebe und echtem Selbstbewußtsein. Es kann vielleicht sein, daß sich Ihr Herz gegen den Versuch, sich zu öffnen, wehrt. Sie werden jedoch bald feststellen, daß, sobald Sie Ihrem Herzen volle Aufmerksamkeit schenken, bestimmte Heilkräfte in Ihnen wirksam werden. Dieser Heilvorgang braucht seine gewisse Zeit und erlaubt Ihnen, mit sich selbst geduldiger und sanfter zu sein und sich zu akzeptieren, so wie Sie sind.

Nachdem Sie diesen Absatz gelesen haben, setzen oder legen Sie sich nieder, oder machen Sie einen kleinen Spaziergang, wenn Sie wollen; was immer für Sie am besten ist ... Richten Sie Ihre Aufmerksamkeit wieder auf Ihre Atmung ... Spüren Sie, wie Atmung und Pulsschlag miteinander verbunden sind ... Entspannen Sie Zunge und Kinn ... Stellen Sie sich vor, daß

Akzeptieren Sie sich so, wie Sie sind

Ihre Atembewegungen tief in Ihre Bauch- und Beckenregion gehen … Entspannen Sie Ihren Körper, und erlauben Sie sich, sich wohl zu fühlen … Wenn Sie bemerken, daß bestimmte Gefühle in Ihnen hochkommen wollen, atmen Sie durch den Mund … Sagen Sie ein paarmal zu sich selbst: »So ist es gut, dies genügt mir im Moment« … Entspannen Sie sich, und akzeptieren Sie Ihre Gefühle …

KAPITEL FÜNF

Nie mehr einsam!

Wenn Sie die Verbindung zu Ihrem Herzen gefunden und mit Hilfe regelmäßiger Meditation alle auftretenden Gefühle akzeptieren gelernt haben, werden Sie feststellen, daß oft ganz spontan, schmerzhafte Erinnerungen in Ihnen aufsteigen. Wir alle haben irgendwann einmal im Leben den Trennungsschmerz kennengelernt: entweder durch eine abgebrochene Beziehung oder durch den Tod eines uns nahestehenden Menschen, oder wir haben uns frühzeitig im Leben verlassen gefühlt. Meistens haben wir sogar jede dieser schmerzhaften Erfahrungen machen müssen und tragen sie noch immer im Herzen, ohne uns von ihnen gelöst zu haben. Ob wir uns von unseren Verlusten bereits einigermaßen erholt haben oder noch immer mit Schmerz an sie denken, ist auf emotionaler Ebene dasselbe. In diesem Kapitel werden wir uns mit intensivem Schmerz befassen, der seinen Ursprung in der Kindheit hat.

Auch wenn Sie sich im Moment keinen Trennungs-

Die Kunst, allein zu sein

schmerz oder Verlust eines geliebten Menschen empfinden, ist es trotzdem ratsam, dieses Kapitel zu lesen, die Meditationen zu üben und sich am Heilungsvorgang zu beteiligen. Sobald Sie einmal Kontakt zu Ihrem Herzen gefunden haben, können Sie die Gelegenheit nutzen, um alte Wunden und Schmerzen, die in Ihrem Innersten vergraben liegen und von denen Sie sich noch nicht erholt haben, zu heilen. Man kann ruhigen Gewissens behaupten, daß so gut wie jeder von uns sich innerlich mit alten Wunden quält, die noch nicht völlig verheilt sind. Diese schmerzhaften Erinnerungen können so intensiv sein, besonders diejenigen aus der Kindheit, daß es ganz normal erscheint, sie zu betäuben und die Erinnerungen zu verdrängen. Wenn diese alten Wunden der Trennung oder des Verlassenseins nicht völlig verheilt sind, können sie Ihre innere Freundschaft zu sich selbst ein Leben lang belasten.

Wenn wir uns zum ersten Mal einsam und verlassen fühlen, kommt das meistens dadurch zustande, daß wir von einem geliebten Menschen oder von der Familie getrennt wurden. Oder wir fühlen uns verlassen und abgelehnt, weil wir das Alleinsein mit dem Gefühl völligen Getrenntseins in Verbindung bringen. Wenn unser Herz weh tut, wir uns einsam und verlassen, abgelehnt und nicht ausreichend geliebt fühlen, existiert dieser Schmerz nicht

Nie mehr einsam!

nur in unserer Vorstellung oder als Gefühl, sondern hat auch eine körperliche Wirkung, die sich als Muskelanspannung in und um das Herz bemerkbar macht und durch einen komplizierten, emotionalen und geistigen Vorgang im Gehirn verursacht wird. Das Gefühl der Einsamkeit kann als echter, körperlicher Schmerz empfunden werden.

Um diesen Schmerz zu erleichtern, sollten wir uns durch ein bestimmtes Verfahren, emotional, geistig und körperlich davon befreien. Im letzten Kapitel habe ich den Begriff »emotionale Heilung« gebraucht. Er beschreibt den Vorgang, wie wir uns vom Schmerz der Einsamkeit befreien und uns im Herzen wieder froh und glücklich fühlen können.

Für gewöhnlich reagieren wir mit Ärger auf die Tatsache, von jemanden verlassen worden zu sein. Dieser Wutausbruch entspringt einer frühen primären Angst ums Überleben. Man kann diese Reaktion bei kleinen Kindern beobachten, wenn sie für eine Weile von Mutter oder Vater getrennt werden. Wut selbst sollte als ein herrliches und wertvolles Gefühl im Menschen anerkannt werden, weil sie uns für eine gewisse Zeitspanne mit ausreichender Energie versorgt, um uns über Gefahren hinwegzuhelfen. Manchmal kann Ärger auch nützlich sein, wenn wir damit etwas erreichen wollen. Wenn Kleinkinder mit einem Baby-Sitter allein gelassen oder im Kindergarten die ersten Male von den El-

Die Kunst, allein zu sein

tern getrennt werden, erreichen sie durch lautes Geschrei, von Mutter oder Vater wieder zurückgeholt zu werden.

Sobald wir jedoch ein gewisses Alter erreicht haben, können uns diese Wutausbrüche nicht mehr weiterhelfen. Tatsächlich sehen sich viele Kleinkinder dazu gezwungen, keine Wutausbrüche zu zeigen, sie aus Angst vor Strafe zu vermeiden und sich direkt in die nächste Phase des Trennungsschmerzes zu begeben. Diese Phase wird durch Gefühle wie Hoffnungslosigkeit, Kummer und Leid, Depression und Verzweiflung bestimmt. Stellen wir fest, daß unser Zorn uns keine Erleichterung verschafft und wir noch immer allein oder mit Fremden sind, dann treten auch die Gefühle der zweiten Phase auf. Als Kleinkind hat ein jeder von uns diese Abfolge vom Wutausbruch bis zur Verzweiflung einmal kennengelernt, bei der sich unser Herz verkrampfte und er sich keine Erleichterung verschaffen konnte. Als Erwachsene mußten wir lernen, diese Gefühle zu erleben und uns hoffentlich schnell von ihnen zu befreien.

Wenn wir plötzlich durch einen Todesfall unseren Ehepartner oder besten Freund verlieren oder wir uns von unserem Partner oder besten Freund trennen, kann diese Erfahrung oft herzzerreißend sein. Wir können aus diesem Leid keinen Ausweg finden. Der Schmerz wird durch die Trennung der

Nie mehr einsam!

Herzenseinheit zweier Menschen verursacht. Das Gefühl, mit jemandem vereint zu sein, ist ein Geschehen des Herzens und nicht des Verstandes.

Auch wenn Sie selbst eine Trennung herbeigeführt haben, kann es trotzdem vorkommen, daß Sie Trennungsschmerz empfinden. Diese Tatsache erscheint uns manchmal unlogisch, ist jedoch Teil des natürlichen Trennungsvorgangs. Ihr Herz fühlt sich wortwörtlich in zwei Hälften gespalten, was immer der Grund Ihrer Trennung sein mag. Ihre Beziehung wurde aufgelöst, der Kontakt abgebrochen, und das kann extrem schmerzhaft sein.

Im Laufe der Jahre habe ich in meinem eigenen Leben und im Leben meiner Klienten und Freunde folgendes festgestellt: Wenn man in der Phase des Trennungsschmerzes sofort eine neue Beziehung anknüpft, um die entstandene Leere durch einen anderen Menschen zu ersetzen, ist das neue Verhältnis mit Sicherheit zum Scheitern verurteilt. Eine Beziehung, die auf Schmerz und Enttäuschung aufgebaut ist, kann keinen Bestand haben, sondern ist lediglich ein Versuch, den bestehenden Schmerz zu besänftigen und den Verlust Ihres Partners durch jemanden anderen zu ersetzen. Dieser Ersatz kann unser Herzeleid vorübergehend lindern, auf längere Sicht unsere emotionale Heilung jedoch ernsthaft beeinträchtigen. Wir gelangen an den Punkt, an dem die neue Beziehung auseinanderfällt und wir

Die Kunst, allein zu sein

uns schlechter fühlen als zuvor, als wir noch die Möglichkeit hatten, unserem Trennungsschmerz allein und ehrlich gegenüber zu treten.
Wie werden Sie mit der Situation fertig, wenn Sie Herzeleid haben und sich vom Trennungsschmerz erholen wollen? Versuchen Sie vor Ihrer Einsamkeit davonzulaufen, oder akzeptieren Sie Ihre Lage? Können Sie das Geschehene hinnehmen, oder lehnen Sie es ab? Haben Sie den Mut, sich dem Schmerz hinzugeben, um sich davon zu befreien, oder wollen Sie Ihr Leid vermeiden, indem Sie sich in eine neue Beziehung begeben, bevor Sie von Ihrer alten Abstand gewonnen haben?

 Nach diesem Absatz hören Sie einen Moment mit dem Lesen auf ... Spüren Sie, wie sich Ihr Herz im Augenblick fühlt ... Beobachten Sie, ob Sie irgendwelche Anspannungen in der Herz- und Atemmuskulatur spüren ... Wie fühlen Sie sich, oder was geschieht mit Ihnen, wenn Sie versuchen, Ihre gegenwärtige Lage zu akzeptieren ... Können Sie sich dem Heilungsvorgang hingeben? ... Atmen Sie ohne Anstrengung durch den Mund ... Geben Sie Ihren Gefühlen freien Raum ...

Da wir alle bereits früh im Leben Trennung und den damit verbundenen Schmerz kennengelernt haben,

Nie mehr einsam!

sollten wir uns auch mit diesen alten Wunden befassen und sie heilen. Sie sollten sich bewußt sein, daß vergangener Trennungsschmerz Ihre gegenwärtigen Gefühle beeinträchtigen kann. Ihr Leiden muß nicht unbedingt aus Ihrem jetzigen Leben kommen. Tatsächlich reagieren Sie – vielleicht ganz unbewußt – auf Ereignisse aus Ihrer Vergangenheit, an die Sie sich noch immer klammern und die sich hin und wieder in Ihrem jetzigen Leben bemerkbar machen.

Nehmen Sie sich nun einen Augenblick Zeit, um in Ihrer Erinnerung zurückzugehen ... Welche Ereignisse aus Ihrer Vergangenheit kommen Ihnen zu Bewußtsein und erinnern Sie irgendwie an Ihre jetzige Situation? ... Welche Geschehnisse wiederholen sich in Ihrem Leben? ... Trauern Sie noch immer einer alten Beziehung nach? ... Atmen Sie ohne Anstrengung ... Machen Sie Ihren Gefühlen Platz in Ihrem Herzen ...

Sich von unseren alten Wunden zu erholen und diese zu akzeptieren, um schließlich eine gewisse emotionale Reife zu erlangen, ist eines der schwierigsten Dinge im Leben. Manchmal glauben wir, das Leben im Griff zu haben und reif und vernünftig zu sein. Sobald wir jedoch einmal den Boden

Die Kunst, allein zu sein

unter den Füßen verlieren, gewinnen unsere Gefühle, die wir schon seit unserer Kindheit nicht mehr gespürt haben, die Oberhand. Für unser eigenes Wohl ist es wichtig, sich diesen kindlichen Gefühlen zu stellen, weil wir den Schmerz der Trennung und des Alleinseins ursprünglich in unserer Kindheit kennengelernt haben.

Um uns davon zu erholen, sollten wir unser Herzeleid noch einmal spüren, und unsere Aufmerksamkeit direkt auf den Schmerz selbst richten, anstatt vor ihm davon zu laufen. Es ist nicht nur wichtig, daß Sie diesen Schmerz bewußt erleben, sondern auch, mit Hilfe der bereits beschriebenen Atemmeditation, die Muskulatur Ihrer Herzregion entspannen. Diese beiden Vorgänge der bewußten Erinnerung und der Atemmeditation gehören zusammen, da Sie ansonsten den Schmerz nur wiederholen und sich damit noch tiefer verletzen.

Wenn wir uns diesem Schmerz bewußt hingeben und uns gleichzeitig körperlich entspannen können, machen wir dabei große Fortschritte. Da der Mensch normalerweise den Schmerz verabscheut und ihn entweder zu bekämpfen versucht oder vor ihm davonläuft, sollte man sowohl körperlichen als auch emotionalen Schmerz bewußt akzeptieren lernen und sich, wenn möglich, dabei entspannen. Während dieses Erholungsprozesses müssen Sie sich Ihre natürliche Tendenz, Schmerzen zu vermei-

Nie mehr einsam!

den, bewußt machen und sich selbst mit viel Geduld erlauben, diese Erfahrung trotzdem zuzulassen – mit der tiefen Gewißheit, daß Sie es schaffen werden, diese Schmerzensphase zu überwinden.

Wir müssen uns auch immer bewußt darüber sein, daß wir uns manchmal deshalb selbst ablehnen, weil wir unter schmerzvollen Erinnerungen leiden – das beruht auf unserer kindlichen Logik, die besagt, daß wir selbst schlecht sind, sobald uns etwas Böses zustößt. Wir müssen uns Zeit und Geduld nehmen, um unser innerstes Wesen, das sich mit Selbsturteilen quält, zu beruhigen.

Wollen wir unsere Wunden heilen, müssen wir ehrlich zu uns selbst und unseren Gefühlen sein. Es ist ganz entscheidend, unseren Ärger in Gedanken auf diejenigen zu richten, die uns verletzt haben. Wir müssen den Zorn direkt spüren, das Gefühl der Verlassenheit akzeptieren und uns von der Wut befreien, bis sie aus uns heraus ist.

Manche Menschen haben Schwierigkeiten, ihren Ärger zum Ausdruck zu bringen, und neigen dazu, direkt ins Trauern überzugehen. Vielleicht wurden sie mit dem Grundsatz erzogen, daß man Wut und Zorn nicht zeigen darf und auf keinen Menschen richten sollte – besonders nicht auf einen Verstorbenen. Ärger hat seinen festen Platz im Leben, genauso wie jedes andere Gefühl, ob wir uns dessen bewußt sind oder nicht. Diese Tatsache müssen wir

Die Kunst, allein zu sein

akzeptieren und der Wut bewußt freien Raum geben, um uns von ihr zu befreien.

Betrachten Sie einmal Ihren Ärger auf das Verlassensein. Dieses Gefühl widerspricht bei den meisten Menschen ihrer Vernunft. Wie wir bereits festgestellt haben, sind Wut und Zorn instinktive Reaktionen. Was immer Sie auch mit Ihrem Ärger tun, Ihre Vernunft spielt dabei keine Rolle. Sie können sich nicht durch logisches Denken von Ihrer Wut befreien. Sie können sich lediglich darin üben, Ihren Ärger zu spüren, sich eingestehen, daß Sie auf diese oder jene Weise verlassen wurden, und die Wut zum Ausdruck bringen, bis nichts mehr davon übrig bleibt.

Lernen Sie es, den Ärger direkt in Ihrer Herz- und Bauchregion zu spüren. Tatsächlich kann nur die Befreiung vom Ärger allein das Festklammern an einen verlorenen Menschen lösen. Betrachten Sie den Ärger deshalb als etwas Erfreuliches. Wut an sich ist vielleicht nicht angenehm, hat jedoch eine emotional heilende Wirkung. Ärger und Zorn läutern Ihr Herz und geben neuen Dingen im Leben Raum, wie zum Beispiel einer ehrlichen Freundschaft mit sich selbst oder anderen, die nicht durch alte Bitterkeit beeinflußt wird. In diesem Zusammenhang möchte ich noch erwähnen, daß manchmal eine abgebrochene Beziehung erneuert werden kann, weil wir, sobald wir die Wut aus uns herauslassen, diesem Menschen einen neuen Platz in unserem Herzen einräumen können. Die Verarbeitung von Wut und Schmerz ist Voraussetzung für einen neuen Lebensabschnitt und neue Beziehungen. Der wesentliche Prozeß, um sich vom Ärger zu befreien, ist einfach und kann leicht erlernt werden.

Erlauben Sie sich, für eine Weile ungestört zu sein ... Werden Sie sich zuerst Ihrer Atmung bewußt ... Wie fühlen Sie sich, wenn Sie an den Menschen denken, von dem Sie getrennt wurden ... Spüren Sie die Muskelanspannung Ihrer Herzregion, während Sie natürlich weiteratmen ... Öffnen Sie Ihren Mund, und atmen Sie in Ihre Gefühle hinein ... Geben Sie Ihrer Stimme freien Ausdruck, und zeigen Sie Ihre Wut derjenigen Person, die Sie verlassen hat oder die Sie verlassen haben ... Äußern Sie Worte des Zorns, wenn Sie wollen ... Wenn es Ihnen möglich ist, schreien Sie in ein Kissen, und schlagen Sie es mit Ihren Fäusten ... Wenn Ihr Ärger abgeklungen ist, bleiben Sie einen Moment sitzen; versuchen Sie ruhiger zu atmen; spüren Sie, wie sich Ihr Körper entspannt ...

Für gewöhnlich sollte man diesen Prozeß mehrere Male wiederholen. Sobald Sie ihn einmal gelernt

Die Kunst, allein zu sein

haben, wissen Sie auch, wann es wieder an der Zeit ist, Ihre Wut abzulassen. Wenn es Ihnen schwerfällt, dem Ärger Ausdruck zu geben, seien Sie mit sich geduldig. Es wäre ganz gut, diese Technik so oft wie möglich zu wiederholen, auch wenn Sie sich bereits mehrere Male Luft gemacht haben. Sie sollten sich dabei keinem Zeitplan unterwerfen – Erfolg und Heilung stellen sich zu gegebener Zeit ein.

Nachdem Sie sich von Ihrem Ärger befreit haben, öffnen Sie sich der nächsten Phase des Trennungsschmerzes, um sich über Trauer und Akzeptanz klarzuwerden. Diese Phase ist »sanfter« als die der Wut und des Zorns. Beim Trauern helfen uns die Tränen, unsere emotionalen und körperlichen Anspannungen des Herzens zu lockern. Dies gilt auch dann, wenn Ihnen Ihre emotionalen Wunden vor langer Zeit zugefügt wurden. Vielleicht meinen Sie, daß ein erwachsener Mensch sich dem Weinen nicht ausliefern sollte und Tränen kindlich sind. Um sich jedoch erfolgreich und so bald wie möglich vom Trennungsschmerz zu erholen, sind Trauer und Tränen unvermeidlich. Das heißt, um sich völlig vom Schmerz zu befreien, müssen Sie sich an einen einsamen Ort zurückziehen und sich Ihren Tränen überlassen. Wenn Sie glauben, sich vom Ärger befreit zu haben, machen Sie die folgende Meditation:

Nie mehr einsam!

Nach diesem Absatz legen Sie das Buch zur Seite ... Versuchen Sie, in Ihre Gefühle hineinzuatmen ... Atmen Sie durch den Mund, um Ihren Gefühlen freien Raum zu geben ... Beobachten Sie, was geschieht, wenn Sie an den Menschen denken, von dem Sie getrennt sind ... Wenn Sie einen Druck im Hals spüren, versuchen Sie, sich zu entspannen und, wenn Sie bereit sind, sich dem Weinen hinzugeben ...

Emotionale Reife erfordert die Bereitschaft, Verlust und Schmerz anzunehmen, sich vom Druck zu befreien und sich dem Heilungsvorgang zu öffnen. Der Mensch kann eine gewisse Reife und Weisheit erlangen, wenn er es versteht, sich von seinen seelischen Schmerzen zu erholen. Reife und Weisheit führen uns zu der vertrauensvollen Gewißheit, daß jede Phase nur vorübergehend ist und wir bald besseren Zeiten entgegensehen können, denn Zeit heilt alle Wunden.
Wenn wir den Schmerz überwinden, stirbt dabei etwas in uns ab und gleichzeitig beginnt ein neuer Lebensabschnitt. Tatsächlich geht dabei unsere alte Verbindung verloren. Doch ist das der Weg, den wir nehmen müssen, wenn wir unsere Trauer und unseren Schmerz überwinden wollen. Ich habe einmal einen älteren Herrn gekannt, dessen Hund nach jahrelanger, treuer Freundschaft eines Tages

Die Kunst, allein zu sein

starb. Der Herr mußte durch den gleichen Trennungsschmerz hindurch, den er bereits vor fünfzehn Jahren erfahren hatte, als seine Frau gestorben war. Die Liebe macht keinen Unterschied. Liebe ist Liebe. Nachdem wir jemanden verloren haben, müssen wir einen Prozeß der inneren Heilung durchlaufen, um zu uns selbst und zu anderen eine neue Beziehung aufbauen zu können.

Während Sie beim Heilungsvorgang noch einmal den Trennungsschmerz alter, oder erst kürzlich abgebrochener Beziehungen durchleben, entdecken Sie gleichzeitig die Weite und Größe Ihres Herzens, die Sie zuvor noch nicht gekannt haben. Tiefe Dankbarkeit und tiefer Friede machen sich in Ihrem Innersten bemerkbar.

KAPITEL SECHS

Lieber allein
oder mit anderen?

Jeder Tag bringt uns ein
reiches Angebot emotionaler Höhen und Tiefen,
Lust und Unlust, Heiterkeit und Unmut. Während
unsere Gedanken uns morgens, mittags, abends
und sogar bis in die Nacht beschäftigen, stimu-
lieren sie in uns vielfältige Emotionen. Diese Gefühle erregen wiederum bestimmte Gedanken.
Manchmal kommen wir uns allein oder verlassen
vor, zu anderen Zeiten fühlen wir uns jedoch ganz
glücklich und genießen die Momente des Alleinseins.
Während Sie die verschiedenen Übungen in diesem Buch lernen, wäre es ganz gut, wenn Sie Ihre
Gewohnheiten bezüglich des Alleinseins sowie Ihre
Beziehung zu anderen immer wieder überprüfen.
Wenn Sie die unten aufgeführten Aussagen lesen,
werden Sie erkennen, wie sich Ihre Vorstellung, Ihre
Gefühle und Gewohnheiten bezüglich des Alleinseins verändert haben. Stellen Sie einmal fest, wel-

Die Kunst, allein zu sein

che der folgenden Aussagen Ihren jetzigen Gefühlen am ehesten entspricht:

1. Ich versuche, meinen Gefühlen auszuweichen, weil ich in meinem Innersten für gewöhnlich nur Schmerz und Leid empfinde.

2. Wenn ich dieser Tage allein bin, fühle ich mich meistens verlassen und einsam, doch manchmal spüre ich auch ein wenig Freude im Herzen.

3. Manchmal überkommt mich das Gefühl der Einsamkeit, doch meistens fühle ich mich ganz wohl, wenn ich allein bin.

4. Ich habe mein Einsamkeitsgefühl ziemlich gut überwunden und bin mit mir selbst ganz glücklich, solange ich auch genügend Gemeinschaft habe.

5. Ich bin mir nicht sicher, wie ich mich fühle, wenn ich für längere Zeit allein bin, weil ich im allgemeinen das Alleinsein zu vermeiden suche.

6. Wenn ich allein bin, beschäftige ich mich andauernd mit Projekten und Plänen, Erinnerungen und Phantasien, damit ich mich auf keinen Fall einsam fühle.

Ein jeder bildet sich seine eigenen Gewohnheiten, die ihm vorschreiben, was er zu tun hat. Solange diese Routinen dem Alleinsein und einer Begegnung mit uns selbst im Wege sind, ist es wichtig, daß wir einen gewissen Abstand gewinnen, um sie dadurch zu verändern. Es ist schon tragisch und schmerzlich, wenn Menschen Verhaltensweisen su-

Lieber allein oder mit anderen?

chen, die sie von einer Begegnung mit sich selbst abhalten.

Wir werden zu Opfern unserer Vergangenheit, wenn wir bestimmte Situationen vermeiden, die wir in unserer Erinnerung mit Schmerz und Leid in Verbindung bringen. Es ist uns dann nicht möglich, in der Gegenwart zu leben. Wir führen ein eingeschränktes Leben, wenn wir es nicht wagen, in die schmerzvollen Bereiche unseres Bewußtseins vorzudringen, die uns an körperliches und seelisches Leid erinnern. Wenn wir unsere Programmierungen verändern wollen, sollten wir nicht aufhören, an uns selbst zu arbeiten und die in den vorhergehenden Kapiteln beschriebenen Übungen immer wiederholen, um uns vom Leiden zu befreien und im Leben vorwärts zu schreiten. Wir können dabei zunehmend selbstbewußte Entscheidungen treffen, die unsere eingeengten Lebensvorstellungen verändern.

Wir sollten uns auch unsere täglichen Gewohnheiten, unsere Gedanken und unser Handeln bewußtmachen, damit wir sie erkennen und unser Leben dadurch positiv beeinflussen können:

Stellen Sie einmal fest, welches Verhältnis Sie zu Ihren Mitmenschen pflegen. Gehören Sie zu denjenigen, die fest zu ihrem bestehenden Freundeskreis halten, oder erlauben Sie sich regelmäßigen Kontakt mit unbe-

Die Kunst, allein zu sein

kannten Menschen oder Fremden? Haben Sie sich in einen festen, sicheren Freundeskreis zurückgezogen, oder meiden Sie jede enge Freundschaft? Erlauben Sie sich, neue Bekanntschaften zu schließen, die einen Einfluß auf Ihr Leben haben könnten? … Hören Sie einen Moment mit dem Lesen auf … Wenn Sie wollen, schließen Sie Ihre Augen, und öffnen Sie sich innerlich diesen Fragen, bis Sie Ihre gegenwärtigen zwischenmenschlichen Beziehungen ehrlich beurteilen können …

Was würden Sie bevorzugen, wenn Sie die Wahl zwischen Alleinsein oder Zusammensein mit anderen hätten? Vermeiden Sie eine Begegnung mit sich selbst, indem Sie ständig die Gemeinschaft mit anderen suchen? Oder versuchen Sie, regelmäßig mit sich allein zu sein, um sich vom inneren Schmerz zu befreien, sich besser kennenzulernen und Ihre eigene Gegenwart zu genießen? … Legen Sie das Buch zur Seite, und denken Sie einmal darüber nach …

Welche Angewohnheiten haben Sie, wenn Sie mit sich allein sind? Verlieren Sie sich rasch in Ihre Gedankenwelt, schwelgen Sie in geistigen Aktivitäten, ohne Ihre Gefühle und Umgebung wahrzunehmen? Halten Sie sich ständig mit routinemäßigen Aufgaben beschäftigt, die Ihnen

102

Lieber allein oder mit anderen?

keine Zeit lassen, Ihren Gefühlen nachzugehen? Zwingen Sie sich, ein Problem nach dem anderen zu lösen, so daß Sie dabei Ihren Körper ganz vergessen? Oder legen Sie regelmäßig eine Pause ein, um sich zu entspannen, mit sich selbst Kontakt aufzunehmen und Ihre innere Freundschaft zu pflegen? ... Legen Sie das Buch wieder zur Seite, und nehmen Sie sich einen Augenblick Zeit, um über diese Frage nachzudenken ...

Beobachten Sie Ihre Gewohnheiten, wenn Sie allein sind und wenn Sie mit anderen sind, und lernen Sie Ihre Grenzen genau kennen. Ehrlichkeit ist dabei entscheidend. Entwickeln Sie eine neues und ehrliches Selbstbild, das alle Seiten Ihres Wesens beinhaltet. Lernen Sie Ihre festgefügten Gewohnheiten und Vorstellungen kennen, damit Sie in der Lage sind, diese zu verändern.
Sobald Sie selbst feststellen, wie diese Gewohnheiten Ihr Leben beeinflussen, können Sie an Ihnen arbeiten. Gewohnheiten klar zu erkennen ist der erste Schritt. Die Erkenntnis selbst erlaubt Ihnen schon eine erste positive Veränderung. Wenn Sie eine Gefahr erkennen, können Sie sofort reagieren und ihr ausweichen. Wenn Sie beobachten, wie ein Baum beim Fällen auf Sie zukommt, können Sie ihm allein durch die Tatsache, daß Sie ihn sehen, ausweichen.

Die Kunst, allein zu sein

Auf dieselbe Weise können Sie emotionalen Gefahren ausweichen. Wenn Sie erkennen, daß Sie durch Ihr Tun und Handeln die Freude am Leben verlieren, sich vom emotionalen Schmerz nicht erholen können und dadurch die Beziehung zu sich selbst und anderen verletzen, kann das bloße Erkennen Sie aus diesem Kreislauf befreien.

Diese Erkennen ist eine faszinierende Fähigkeit des menschlichen Wesens. Von Natur aus schlagen wir die Richtung ein, die unserer Lebenssituation am besten entspricht, sofern wir offen sind, einen ehrlichen Blick auf unsere gegenwärtige Lage zu werfen. Diese Tendenz, die für uns guten Wege zu wählen, kann als Teil der menschlichen Evolution betrachtet werden, da das Leben oft Hindernisse und Schwierigkeiten mit sich bringt.

Wie wir gesehen haben, können sich jedoch starre, negative Gewohnheiten im Leben festsetzen, weil wir nichts anderes gelernt haben und uns vor einem ehrlichen Blick darauf fürchten. In diesem Fall haben wir wirklich Schwierigkeiten, uns von unserem alten emotionalen Schmerz zu erholen und im Leben vorwärtszukommen.

Auch das Einsamkeitsempfinden hindert uns, unsere Gewohnheiten und Ängste zu betrachten. Jedesmal, wenn wir uns allein fühlen, schließen wir unser Innerstes aus. Der emotionale Schmerz ist dabei so stark, daß es uns kaum möglich ist, sich

Lieber allein oder mit anderen?

über unsere Gefühle klarzuwerden, die uns beeinflussen. Deshalb können wir uns manchmal nur teilweise vom Schmerz erholen oder rechtfertigen unser Benehmen mit festgefügten Vorstellungen, die wir schließlich mit Worten und Taten festzementieren. Wenn Sie sich gegenwärtig seelisch tief verletzt fühlen, ist es wichtig, daß Sie sich auf den Heilungsvorgang konzentrieren und die in diesem Buch beschriebenen Übungen wiederholen, besonders die im Kapitel fünf. Erst wenn Sie sich etwas Erleichterung verschafft haben, können Sie Ihre Gewohnheiten bezüglich des Alleinseins betrachten und sich über die Sie bestimmenden Verhaltensmuster im Alleinsein und im Kontakt mit anderen bewußt werden.

Während Sie Ihre jetzigen Gewohnheiten beurteilen lernen, nehmen Sie sich Zeit, diese aus den verschiedensten Blickwinkeln zu betrachten:
Erlauben Sie sich, Ihre Gewohnheiten einmal ganz logisch zu betrachten ... Auf welche Weise verbessern sie Ihr Leben? ... Auf welche Weise schränken sie es ein? ... Richten Sie Ihre Aufmerksamkeit auf Ihre Atmung, und erinnern Sie sich dabei an die verschiedensten Gewohnheiten, die Sie sich über die Jahre hinweg angeeignet haben ... Stellen Sie sich vor, wie Sie manche dieser Gewohnheiten ver-

Die Kunst, allein zu sein

ändern könnten ... Betrachten Sie Ihren Charakter, Ihre Persönlichkeit mit »intuitiven Augen«, und wie Sie sich auf positive Weise weiterentwickeln können ... Bleiben Sie sich dabei Ihrer Atmung bewußt; atmen Sie ruhig und normal weiter, damit Sie Ihren Gefühlen freien Raum geben können ...

KAPITEL SIEBEN

Ihr neues harmonisches Gleichgewicht

Alleinsein kann in Ihrem Leben vorübergehend sein oder als bewußte Entscheidung für das Alleinleben etwas Langfristiges. Was immer auch die Umstände sein mögen, Sie sollten das Alleinsein als das sehen, was es wirklich ist: Das Alleinsein ist keinesfalls ein Rückzug aus dem gesellschaftlichen Leben; ist keine Flucht vor dem Leben; ist keine Bösartigkeit, die Sie hin und wieder befällt; ist kein Zeitvertreib, bis etwas Besseres geschieht. Was immer der Grund für Ihr Alleinsein ist, keinesfalls dient Alleinsein als Ersatzmittel für Ihr Leben selbst: Es ist Ihr Leben – genauso wie jeder andere Moment Ihres bisherigen Lebens.

Ob Sie das Alleinsein nun akzeptieren oder nicht, es bietet Ihnen jedenfalls die einzigartige Möglichkeit, Ihr Leben nach Ihrem eigenen Willen zu gestalten. Vielleicht können Sie Ihren eigenen Interessen und Neigungen, die Sie bisher aus Verantwortungsgründen hintan stellen mußten, nachgehen.

Die Kunst, allein zu sein

Wie oft haben Sie zu sich selbst gesagt: »Ich wollte schon immer einmal …« und haben dabei an besondere Interessen oder geheime Wünsche gedacht. Nun wäre es an der Zeit, diesem inneren Verlangen nachzugehen. Oder es wäre an der Zeit, Seiten Ihres Wesens zu entwickeln, die Sie bisher vernachlässigt haben.

Vor kurzem habe ich ein Wochenendseminar gehalten, an dem unter anderem auch zwei Männer in mittleren Jahren teilnahmen. Beide haben sich vom Rest der Gruppe abgehoben, weil sie von ihrem bevorstehenden Tod wußten. Der eine hatte Lungenkrebs, der andere Darmkrebs. Mit bemerkenswertem Mut versuchten beide, ein Licht auf ihr Leben zu werfen, es besser verstehen zu lernen und ihre Persönlichkeit zu entfalten.

Beide Männer teilten ihre Gefühle offen mit, wie es sei, wenn man wisse, daß man in absehbarer Zeit sterben müsse, falls nicht ein medizinisches Wunder geschähe. Einer von ihnen machte eine Bemerkung, die bei mir einen tiefen Eindruck hinterließ. Er behauptete, daß er hauptsächlich darüber traurig sei, daß er sich selbst im Leben nicht besser kennengelernt habe. Da er sich nun dem Tode gegenüber sah und Rückschau auf sein Leben hielt, stellte er fest, daß er sich zu wenig mit sich selbst beschäftigt hatte. Und in der Zeit, die ihm noch zur Verfügung stehe, wolle er sich so gut wie möglich

Ihr neues harmonisches Gleichgewicht

noch selbst kennenlernen. Er wollte einen Weg finden, sein Herz und seinen Geist zu öffnen, um
die tieferen Dimensionen seines Wesens zu erforschen.

Der andere Mann äußerte einen ganz anderen
Wunsch. Er behauptete, daß er ein Leben lang
mit seiner eigenen kleinen Welt beschäftigt war
und daß er dabei die Gelegenheit verpaßt habe,
sich seiner Umgebung und seinen Mitmenschen
mitzuteilen. Er wolle an diesem Seminar teilnehmen, um sich von seinen emotionalen Hemmun-
gen und seinem eingeschränkten Gemeinschafts-
leben zu befreien, damit er sich soviel wie möglich mit der Außenwelt beschäftigen könne, bevor
er sterbe.

Beide mutigen Männer haben eigentlich den gleichen Wunsch geäußert. Sie wollten den Raum ihrer
Innen- und Außenwelt erweitern – die Wechselbe-
ziehung zwischen ihrem innersten Zentrum und
ihrer entferntesten Wahrnehmung der Außenwelt
erweitern. Sich mit voller Hingabe an diesem Ver-
änderungsprozeß zu beteiligen, bedeutet in der
Tat, das Leben bis zum Äußersten auszuschöpfen.
Wenn wir uns total in unsere Innenwelt zurückziehen, kommen wir aus dem Gleichgewicht, werden neurotisch und verlieren Kontakt zum Leben.
Ebenso unterbrechen wir den lebenswichtigen Ener-
giestrom, der durch die Polarität zwischen Innen-

Die Kunst, allein zu sein

und Außenwelt erzeugt wird, wenn wir unser Innenleben ignorieren.

Wie ich bereits erwähnt habe, erinnern uns diese beiden Männer daran, das Leben jetzt zu leben und nicht auf bessere Zeiten zu warten.

Bisher haben wir uns immer wieder mit den inneren und äußeren Polaritäten unserer Selbstbeziehung und der Beziehung zu anderen beschäftigt, und wie wir diese verbessern können. Ebenso haben wir uns über unsere negativen Selbsturteile Gedanken gemacht, wie diese unsere Beziehung zu uns selbst und zu anderen beeinträchtigen, und wie wir diese negativen Vorurteile überwinden können. Wir haben uns jedoch noch kaum damit beschäftigt, wie wir unser Bewußtsein im Gleichgewicht halten können.

Man kann unser Bewußtsein sozusagen in vier Aspekte einteilen: Der erste Aspekt wäre unser Verstand, der Intellekt, der Informationen sammelt, aussortiert und verarbeitet. Der zweite Aspekt wäre der unserer Sinne, die innere und äußere Sinneswahrnehmungen an unser Bewußtsein weitergeben. Der dritte wäre der unserer Emotionen, die durch Sinneswahrnehmungen und Gedanken in uns hervorgerufen werden. Und der vierte Aspekt wäre der unserer intuitiven Einsichten, die uns manches Mal auf mysteriöse Weise überraschen. Ohne uns noch weiter mit den komplizierten Theorien des

Ihr neues harmonisches Gleichgewicht

menschlichen Gehirns zu befassen, können wir folgende vier Qualitäten unseres Bewußtseins auf-
zählen: Verstand, Sinneswahrnehmungen, Emotionen und Intuition.

Wenn diese Qualitäten in unserem Leben miteinander im Gleichgewicht sein sollen, müßten wir
zunächst herausfinden, welche dieser vier wir gewöhnlich bevorzugen. Danach sollten wir den Seiten
unseres Bewußtseins Aufmerksamkeit schenken, die
wir bisher vernachlässigt haben, und uns mit den anderen etwas zurückhalten, bis alle vier Aspekte ausgeglichen sind. Häufig bemerken wir gar nicht, wie
wir bestimmte Seiten unseres Bewußtseins bevorzugen, weil wir uns diese Verhaltensweisen bereits in
jungen Jahren angeeignet haben. Deshalb ist eine
sorgfältige Selbstbeobachtung erforderlich – wie ich
bereits mehrere Male in diesem Buch vorgeschlagen
habe –, um unsere Gewohnheiten in jeder Hinsicht
kennenzulernen. Das Alleinsein kann bei diesem Vor-
haben hilfreich sein. Man kann zwar jede dieser
Bewußtseinsformen sowohl in Gesellschaft als auch
allein erfahren. Wir beobachten und entwickeln unser Bewußtsein jedoch am besten, wenn wir allein
sind und nicht von außen beeinflußt werden.

Das Alleinsein erlaubt uns, mit den vier Aspekten
unseres Bewußtseins zu experimentieren, damit wir
uns über das Alleinsein selbst und das Zusammensein mit anderen mehr freuen können.

Die Kunst, allein zu sein

Erlauben Sie uns nun, einen Blick auf die einzelnen Aspekte und deren Anwendung im Alltag, zu werfen.

Verstand

Wenn es Ihnen so vorkommt, als ob ich den intellektuellen Fähigkeiten des Menschen in mancher Hinsicht zu wenig Aufmerksamkeit schenke, so nur deshalb, weil diese in unserer heutigen Gesellschaft überbewertet werden. Besonders in den Schulen werden geistige Aktivitäten gefördert und belohnt, während nur wenig Rücksicht auf die anderen drei Aspekte unseres Bewußtseins genommen wird.

Es wäre jedoch ebenso töricht, ins totale Gegenteil umzuschlagen und unsere geistigen Fähigkeiten zu verneinen. Tatsächlich besitzen wir einen bemerkenswerten Verstand, und wir sollten uns regelmäßig Zeit nehmen, um diesen Bereich unserer Persönlichkeit zu entfalten, so daß wir uns über unser Leben klarwerden, uns mit anderen deutlich verständigen und bewußte Entscheidungen treffen können. Unser Verstand erlaubt uns auch Informationen der Außenwelt zu verarbeiten und mit anderen Lebewesen und unserer Umgebung bewußt in Verbindung zu stehen.

Betrachten Sie einmal Ihre geistigen Tätigkeiten während eines gewöhnlichen Tagesablaufs. Be-

112

Ihr neues harmonisches Gleichgewicht

schäftigen Sie sich zum Beispiel für mehrere Stunden am Tag mit geistiger Arbeit? Erlauben Sie Ihren Sinnen, diese geistige Tätigkeit auszugleichen, oder schlagen Sie, wenn Sie abends nach Hause kommen, gleich wieder die Zeitung auf? Oder gibt Ihnen Ihre Arbeit nur wenig oder gar keine geistige Anregung? Hungern Sie nach mehr Information und intellektueller Bereicherung?
Es stellt sich auch die Frage, welcher der vier Bewußtseinsformen Sie für gewöhnlich am meisten vertrauen. Vom Stand Ihrer Erziehung und Ausbildung aus gesehen, vertrauen Sie eher Ihrem analytischen Urteilsvermögen? Oder können Sie sich entspannen und Ihre Sinne walten lassen? Vertrauen Sie Ihren Gefühlen? Sind Sie bereit, Ihren intuitiven Einsichten, ohne Erlaubnis Ihrer Logik, Glauben zu schenken?

Richten Sie Ihre Aufmerksamkeit für einen Augenblick auf Ihre Atmung, und spüren Sie, welchem Bewußtseinszustand Sie am meisten Raum geben ... Versuchen Sie, die Dinge immer wieder analytisch zu beurteilen, um Entscheidungen im Leben zu treffen? ... Versuchen Sie, Ihre Probleme auf logische Weise zu lösen, und geraten Sie dabei häufig in dieselbe Sackgasse? ... Haben Sie stets das Verlangen nach geistiger Anregung? ... Benutzen Sie Ihren Verstand,

Die Kunst, allein zu sein

um Ihre Umgebung besser zu verstehen und einen offenen Kontakt mit ihr zu haben? ... Vernachlässigen Sie die anderen Aspekte Ihres Bewußtseins: Sinne, Emotionen und intuitive Einsichten? ... Während Sie diese Fragen innerlich wiederholen, beobachten Sie, welche Gefühle dabei auftreten ... Fühlen Sie sich dabei wohl oder unwohl? ... Ihr Körper kennt die Antwort, hören Sie auf ihn ... Welche Seiten Ihres Bewußtseins vernachlässigen Sie im täglichen Leben? ... Auf welche Weise ist das Gleichgewicht gestört? ...

Die wichtigste Grundlage für einen klaren Verstand wird häufig übersehen: die Fähigkeit unserer Sinneswahrnehmungen, die wir mit unserem Geist aufnehmen. Um unseren Intellekt zu bereichern, sollten wir unsere Eindrücke und Erfahrungen erweitern, aus denen sich neue Gedanken, Vorstellungen und Ideen entwickeln können.

Wenn Sie deshalb Ihren Geist optimieren wollen, sollten Sie sich darüber bewußt werden, in welchem Verhältnis Ihre geistigen Gewohnheiten zu Ihren Sinneswahrnehmungen stehen. Sinneswahrnehmungen bilden die Grundlage für neue Vorstellungen und Ideen. Fühlen Sie sich ausreichend versorgt, oder leidet Ihr Verstand an Unterernährung, weil bestimmte Gedanken dem Einfluß der Sinne im Wege stehen? Um diese Frage zu beantworten,

Ihr neues harmonisches Gleichgewicht

sollten wir uns dem Aspekt der Sinneswahrnehmung bzw. der sinnlichen Empfindung im täglichen
Leben widmen.

Sinneswahrnehmung

Sicherlich hat unsere genetische Herkunft einen
erheblichen Einfluß auf unseren Verstand, mit dem
wir uns in der Welt zurechtfinden können. Diese
genetische Programmierung benötigt jedoch ein
gewisses Maß an äußeren Anregungen durch unsere Sinne, damit unser Geist aktiviert und im Leben voll zur Entfaltung kommen kann.

Wir besitzen unsere fünf Sinne (und eventuell noch
mehrere darüber hinaus), die wir wortwörtlich als
Antennen betrachten können, mit deren Hilfe wir
äußere wie innere Empfindungen sammeln. Unser
Gehirn empfängt diese Informationen und beginnt,
sie zu verarbeiten. Mit anderen Worten heißt das:
Es werden Wahrnehmungen in Gedanken umge-
wandelt, sobald wir Sinneseindrücke im Geiste verarbeiten. Diese Eindrücke verwandeln sich wiederum in Bilder, Vorstellungen, Begriffe und Erinnerungen. Diese Verarbeitung macht uns zu Vernunftwesen, da wir Sinneswahrnehmung in symbolische
Bedeutung umwandeln können.

Leider haben sich viele von uns bereits früh im
Leben bestimmte Gedankenmuster durch die ge-

Die Kunst, allein zu sein

machten Erfahrungen angewöhnt. Diese festgefahrenen Gedankenmuster sind Interpretationen unserer Erfahrungen, die uns im Leben bis zu einem gewissen Grad behilflich sein können. Deshalb erhalten sie oft die Kontrolle – und verweigern den Einfluß neuer Wahrnehmungen und Erfahrungen, die die gesicherten Vorstellungen bedrohen könnten. Unser Geist erstarrt. Wir verlieren die Sensibilität und Aufgeschlossenheit für unsere Umgebung und halten ebenso unsere eigene, innere Entwicklung in Grenzen. Dadurch verlieren wir die Fähigkeit, uns dem Wechsel der Zeit anzupassen.

Viele Menschen, denen es schwerfällt, neue Freundschaften zu schließen, leiden unter der Starrheit ihrer geistigen Vorstellungen. Tatsächlich haben sie sich von der Gegenwart entfremdet und sich in die gesicherte Welt ihrer Vorstellungen und Urteile zurückgezogen, die sie von der Außenwelt isolieren. Sich mit unserem Verstand intensiv zu beschäftigen, muß nicht unbedingt heißen, daß wir ein isoliertes Leben führen sollen – besonders dann nicht, wenn unser Freundeskreis aus Gleichgesinnten besteht. Wenn wir uns jedoch hauptsächlich auf ihn verlassen, verdrängen wir die anderen Aspekte unseres Bewußtseins und beeinträchtigen die Entwicklung einer engen Freundschaft mit uns selbst und anderen. Da Sinneswahrnehmungen, Emotionen und intuitive Einsichten wesentliche Bestandteile

116

Ihr neues harmonisches Gleichgewicht

unserer Persönlichkeit sind, bleiben wir uns dann im Innersten fremd.

Wenn Sie dazu neigen, sich vom vollen Ausmaß Ihrer Sinneswahrnehmungen zu isolieren, bedarf es an Achtsamkeit, um Ihre Aufmerksamkeit vom analytischen Denken und Urteilen auf Ihre gegenwärtigen Sinnesempfindungen zu richten. Wenn Sie die folgende Meditation so oft wie möglich wiederholen (auch mehrmals am Tag), werden Sie sich innerlich allmählich freier fühlen.

Die Meditation beginnt wie die vorher beschriebenen ... Machen Sie es sich bequem ... Richten Sie Ihre Aufmerksamkeit auf die Atmung ... Atmung ist der Schlüssel für ein bewußtes Wahrnehmen unserer Sinne ... Spüren Sie, wie die Luft durch Ihre Nase einströmt – und ausströmt ... Spüren Sie die Bewegungen Ihres Körpers beim Einatmen – und Ausatmen ... Schließen Sie die Augen ... Versuchen Sie ohne Anstrengung Ihren Herzschlag oder Puls im Körper zu entdecken ... (zu Beginn fällt es Ihnen vielleicht schwer, Ihren Puls zu finden – jeder Mensch ist anders) ... Richten Sie gleichzeitig Ihre Aufmerksamkeit auf das Gefühl, aufrecht zu sitzen ... Beobachten Sie, welche Muskulatur Sie aufrecht hält – und welche Muskeln entspannt sind ... Spüren Sie, wie Sie mit der Erde und ihrer Anzie-

Die Kunst, allein zu sein

hungskraft in Verbindung stehen ... Erlauben Sie
sich, sich Ihres ganzen Körpers bewußt zu werden,
von Kopf bis Fuß ... Während Sie Ihre Augen ge-
schlossen halten, werden Sie sich der Geräusche
um Sie herum bewußt; Geräusche im Hintergrund,
und Laute, die kommen und gehen ... Beobachten
Sie, ob Sie irgendwelche Gerüche empfinden ... Ist
die Luft kalt oder warm, und spüren Sie diese auf
Ihrer Haut ... Spüren Sie das Gewicht Ihres Körpers
beim Sitzen ... Spüren Sie Ihre Füße am Boden ...
Strecken Sie Ihre Finger aus und berühren Sie etwas
Naheliegendes – oder Ihre eigene Haut; werden
Sie sich der Struktur bewußt ... Richten Sie Ihre
Aufmerksamkeit auf Ihren Geschmack im Mund ...
Essen Sie etwas, wenn Sie wollen ... Bleiben Sie
sich Ihrer Atmung bewußt, Ihres ganzen Körpers
und all den Empfindungen, die Sie im Moment
spüren ... Wenn Sie bereit sind, öffnen Sie Ihre
Augen und schauen Sie sich um ... Werden Sie sich
Ihrer visuellen Eindrücke voll bewußt ... Lassen Sie
die Außenwelt auf sich zukommen ...

Diese einfache Meditation der Sinneswahrnehmung hilft Ihnen, sich bewußt der Gegenwart zu
öffnen. Um völlig in der Gegenwart zu sein, sollten
wir auf diese oder jene Weise mit unseren Sinnen
in Verbindung stehen. Wenn Sie mit Ihrem Körper
und Ihrer Umgebung bewußt leben wollen, sollten

Ihr neues harmonisches Gleichgewicht

Sie die Dimension Ihrer sinnlichen Empfindungen ausloten.

Die Anregung Ihrer Sinne beeinflußt auf ganz natürliche Weise Ihren Geist. Die Wahrnehmung wird in Ihrer Erinnerung gespeichert und bleibt dort aktiv, um neue Vorstellungen und Ideen zu formen. Dieser kreative Prozeß wird im menschlichen Wesen als eine wunderbare Dynamik erfahren, die auf seine Selbstentwicklung einen wesentlichen Einfluß hat und sozusagen im Mittelpunkt steht, weil die Sinne das Bindeglied zur Außenwelt darstellen. Der Mensch ist kein isoliertes Wesen. Sein Selbst, seine Persönlichkeit, wird grundlegend von den äußeren Sinneswahrnehmungen geprägt.

Emotionen

Wir sind nicht nur Wesen, die wahrnehmen und denken können. Wir sind ebenso emotionale Wesen. Unsere Emotionen sind genetischen Ursprungs. Wir kommen mit einem kompletten Sortiment verschiedenster Empfindungen auf die Welt, die uns vom ersten Tag an beim Überleben helfen. Durch den Einfluß der Umwelt entwickeln wir unsere Gefühle weiter. Wir lernen, auf bestimmte Sinneswahrnehmungen sowie auf gewisse Gedankenvorgänge zu reagieren. Emotionen regen wiederum unsere Gedanken an, und somit entsteht der Kreis-

119

Die Kunst, allein zu sein

lauf unserer Gedanken, Wahrnehmungen und Emotionen.

Tatsächlich befinden wir uns ein Leben lang in dieser Wechselwirkung, die auf dem Zusammenspiel unserer Gefühle, Wahrnehmungen und Gedanken aufgebaut ist, deren Schwerpunkt jederzeit von einem Gebiet aufs andere wechseln kann. Einige von uns fixieren sich übermäßig auf die emotionalen Dimension, während andere ihre Gefühle total vermeiden wollen und sich nur auf geistige Aktivitäten oder sinnliche Empfindungen oder auf beides beschränken. Wir sollten es deshalb lernen, diese Bereiche in uns auszugleichen.

Manchmal klammern wir uns an ein oder zwei Gefühle. Aus Gewohnheit ist es uns möglich, mit bestimmten Gedanken und Wahrnehmungen die bestimmte Emotionen in uns wachzurufen. Manche Menschen wollen zum Beispiel ständig glücklich sein und die unerwünschten Empfindungen durch positives Denken vermeiden, und nur das sehen, was sie im Leben als gut erachten. Andere Menschen plagen sich wiederum mit Angst und Sorge um alles mögliche und klammern sich gewohnheitsmäßig an solche Gedanken und Gefühle. Andere Menschen halten wiederum an Schuldgefühlen und Selbstmitleid fest.

Wenn Sie sich von einer oder zwei Emotionen ständig beeinträchtigt fühlen, sollten Sie sich be-

Ihr neues harmonisches Gleichgewicht

wußt von ihnen befreien und lernen, auf jede Situation mit der tatsächlichen Emotion zu reagieren. Die wichtigsten Gefühlszustände des Menschen sind Glück und Freude, Ärger, Liebe, Qual, Angst, Verspieltheit, Leidenschaft, Trauer, Hoffnungslosigkeit oder Verzweiflung, Beherrschung, Zuversicht, Widerwille, Klarheit oder Friede. Auf Ihrem Weg der Selbsterkenntnis ist es äußerst wichtig, daß Sie Zugang zu Ihren wesentlichen Gefühlen finden, sie regelmäßig spüren und im Gleichgewicht halten.
Fangen Sie gleich einmal damit an, und denken Sie mit Hilfe der folgenden Meditation über ein Gefühl nach, das Ihnen am wenigsten zusagt.

Richten Sie Ihre Aufmerksamkeit zuerst auf Ihre Atmung ... Werden Sie sich Ihres ganzen Körpers bewußt ...
Denken Sie darüber nach, welche Empfindung Ihnen die Freude am Leben nimmt ... Stellen Sie sich vor, wer oder was dieses Gefühl auslösen könnte ... Vielleicht eine Vorstellung, die Sie über sich selbst oder andere haben ... Oder vielleicht eine unerwünschte Situation, die Sie immer wieder provoziert ... Oder denken Sie an etwas, das Sie im Leben frustriert ... Wann haben Sie dieses Gefühl zum letzten Mal gespürt? ... Erinnern Sie sich daran, und atmen Sie dabei ruhig weiter ...

Die Kunst, allein zu sein

Beobachten Sie, welche Gedanken dabei auftauchen ... Atmen Sie durch die Gefühle und Gedanken hindurch ... Versuchen Sie, Abstand von diesem Geschehen zu finden, als wenn Sie das Ganze aus der Ferne betrachten würden ... Bleiben Sie sich Ihrer Atmung bewußt ... Betrachten Sie die neuen Gefühle, Gedanken und Einsichten, die dabei auftreten ...

Beim Üben dieser Meditation wird Ihnen bald auffallen, welchen Einfluß die verschiedenen Gefühle auf Ihr Leben haben und auf welche Art und Weise sie ausgelöst werden. Die Meditation selbst ermöglicht Ihnen, Ihre Beziehung zu manchen Emotionen allmählich zu verändern. Wenn Sie lernen, Ihre Gefühle mit Abstand zu betrachten, sie von einer anderen Perspektive aus zu sehen, werden Sie bald erkennen, daß Sie ihnen weniger Energie schenken und daß Ihnen andere, passendere Reaktionen zur Verfügung stehen.

Sollten Sie feststellen, daß manche Emotionen in Ihnen tief und schmerzvoll sind, schlage ich vor, daß Sie einige der vorhergehenden Meditationen in diesem Buch wiederholen, die Ihnen die Ursache Ihres Gefühls zeigen können und Ihnen helfen, sich davon zu befreien.

Ihr neues harmonisches Gleichgewicht

Intuition

Wir haben bisher festgestellt, daß man Gedanken, Sinne und Gefühle nicht wirklich voneinander trennen kann, daß sie Teil unseres Bewußtseins sind. Das gilt ebenso für die vierte Dimension unseres Bewußtseins, die für persönliches Wachstum und Selbsterkenntnis ganz entscheidend ist. Für gewöhnlich benennen wir diese Funktion unseres Geistes mit dem Wort »Intuition«. Vom spirituellen Standpunkt aus betrachtet, kann man dieses Geschehen mit Momenten der Erleuchtung vergleichen. Wie immer wir es auch nennen, wir alle kennen diesen Augenblick der plötzlichen Einsicht oder Erkenntnis – ein Wissen oder eine Antwort, die uns unerwartet in unser Bewußtsein dringt.

Wenn die ersten drei Dimensionen unseres Bewußtseins ausgeglichen sind und miteinander in Einklang stehen, ist unser Geist bereit, in einen erweiterten Bewußtseinszustand zu treten, in dem lineares, logisches Denken einer umfassenden Erkenntnis weicht. In diesem erweiterten Bewußtseinszustand können spontan intuitive Einsichten auftreten. Viele legen Wert auf ihre Intuition, doch nur wenige wissen, wie sie diese aktivieren können. Tatsächlich können wir uns nicht bewußt in diesen Zustand zwingen. Intuition ist ein müheloses Geschehen des Geistes, dem wir uns ausliefern müssen.

Die Kunst, allein zu sein

Einer der wesentlichen Vorteile des Alleinseins ist, daß wir die intuitiven Seiten unseres Wesens pflegen können. Am häufigsten befinden wir uns in unserer Gedankenwelt, lösen Probleme, sind geistig tätig, vermitteln Ideen und Erwartungen an andere. Nur wenn wir einmal eine Pause in unseren täglichen Gewohnheiten einlegen, sind wir in der Lage, uns von der Geschäftigkeit unserer Gedanken zu lösen und die Dinge einfach zu betrachten, um dadurch Einsichten zu gewinnen.

Deshalb ist das Alleinsein von großem Wert, um mit Hilfe des erweiterten Bewußtseinszustandes ein neues Licht auf unser Leben zu werfen. Die in diesem Buch aufgeführten Meditationen helfen Ihnen im allgemeinen, die intuitive Seite Ihres Bewußtseins zu erweitern, da sie sich hauptsächlich darauf konzentrieren, die Gedanken durch Atmung und Körperbewußtsein zu beruhigen. Erlauben Sie mir, Ihnen eine Meditation zu zeigen, die Ihnen bei Ihrer Persönlichkeitsentfaltung behilflich sein kann, Ihre Vernunft beruhigt und Sie in Kontakt mit der intuitiven Seite Ihres Wesens bringt.

Richten Sie Ihre Aufmerksamkeit auf Ihre Atmung ... Auf Ihren Herzschlag oder Puls ... Auf Ihren ganzen Körper, hier in der Gegenwart ... Auf das Gefühl, mit der Anziehungskraft der Erde in Verbindung zu stehen ...

Ihr neues harmonisches Gleichgewicht

Werden Sie sich mit Hilfe der fünf Sinne, Ihrer Umgebung bewußt ... Und wenn Sie durch Ihre Atmung, Ihren Körper, Ihre Sinne in diesen erweiterten Bewußtseinszustand gelangt sind, lösen Sie sich von allen Erwartungen oder Vorstellungen, die Ihnen über Ihre Intuition vorschweben ... Geben Sie den Wunsch auf, irgend etwas Besonderes damit erreichen zu wollen ... Und beobachten Sie nur den Strom Ihrer Gedanken ... Betrachten Sie gleichzeitig Ihre Gefühle, die kommen und gehen ... Achten Sie ohne Anstrengung auf Bilder und Gedanken, die Ihrem Geiste vorschweben, während Sie unbeschwert weiter atmen ...

Wiederholen Sie diese Meditation und machen Sie sich mit ihr vertraut. Es kann dabei vorkommen, daß Ihr Verstand versucht, Ihnen besondere Information aus den tieferen Ebenen des Bewußtseins zu entlocken oder sogar spezifische Antworten fordert. Dieses Geschehen kann anfangs die intuitive Reaktion blockieren. Verständnis und Übung werden Ihnen jedoch darüber hinweghelfen. Wenn Sie sich mit diesem Vorgang Ihres Bewußtseins vertraut gemacht haben, können Sie sich zu Beginn der Meditation eine Frage oder ein Thema aussuchen, über das Sie mehr Information wünschen. Das funktioniert nur, wenn Sie dieses Thema oder den Wunsch nicht als Forderung stellen, sondern als re-

Die Kunst, allein zu sein

spektvolle Bitte äußern. Wenn Ihnen intuitive Einsichten bisher ziemlich unbekannt waren, müssen Sie mit sich Geduld üben. Unser intuitives Vermögen kann nicht gehetzt oder von heute auf morgen erzwungen werden.

Wenn wir unser Leben in Zeiten des Alleinseins im Gleichgewicht halten wollen, werden wir an der Tatsache nicht vorbeikommen, daß eine Quelle der Freude – die Gemeinschaft mit anderen – uns weniger zugänglich ist als früher. Das heißt jedoch nicht, daß wir weniger Freude im Leben empfinden. Wir müssen nur mehr auf unseren Einfallsreichtum vertrauen, um soviel Freude zu finden, wie wir nun brauchen. Wir haben uns bisher mit den verschiedenen Aspekten unseres Bewußtseins beschäftigt, und wie wir diese in ein Gleichgewicht bringen, damit wir unseren Lebenssinn vertiefen und uns selbst besser kennenlernen können. Doch haben Sie dabei auch ausreichend Platz für die Freude und den Spaß an der ganzen Entwicklung gemacht?

Viele Familien leben nach der Regel »Vergnügen kommt an letzter Stelle«, oder Freude und Vergnügen werden überhaupt nicht in Betracht gezogen. Zuerst kommt die Verantwortung für andere. Arbeit hat Vorrang, und wahrscheinlich wurden auch Sie dahingehend beeinflußt, daß Ihr Selbstwert allein von der Leistung Ihrer Arbeit abhängt. Wie ich be-

Ihr neues harmonisches Gleichgewicht

reits erwähnt habe, ist es in unserer Gesellschaft hoch angesehen, sich selbst zu verneinen und ein selbstloses Leben zu führen. Lust und Freude, besonders die sinnlichen Freuden – ganz besonders, wenn wir allein sind –, wurden stets abgelehnt. Oft wurden Freude und Lust als frivole und minderwertige Lebensanschauungen betrachtet, im Gegensatz zu den strengen und moralischen Werten. Freude und Wohlbefinden stehen im Zentrum unserer schöpferischen Fähigkeiten und sind für die Liebe zu anderen, unserer Umwelt und uns selbst lebenswichtig. Die erste Herausforderung wäre, durch bestimmte Meditationen über die Grenzen Ihrer negativen Anschauungen hinwegzuschreiten. Beginnen Sie diese Veränderung, indem Sie folgenden Satz mehrere Male laut ausspre-chen: »Ich erlaube mir Vergnügen und Freude.« Beobachten Sie, wie Sie sich dabei fühlen. Vielleicht spüren Sie den Wunsch, die Übungen der vorhergehenden Kapitel zu wiederholen, um die Ursache Ihrer Scham- und Schuldgefühle, die Sie mit dem Gefühl der Lust und Freude in Verbindung bringen, zu erkennen und sich von ihnen zu befreien.

Beim Alleinsein entdecken Sie bald, welchen Wert das Gefühl der Freude und des Wohlbefindens für Ihren Geist und Ihre Gesundheit haben kann. Einer der lohnendsten Aspekte des Alleinseins wäre, daß

Die Kunst, allein zu sein

Sie Ihr Leben auf verschiedenste Weise mit geistigen, körperlichen und seelischen Freuden bereichern können. Sich selbst Vergnügen zu gönnen ist für Ihre Selbstbeziehung, für die Entwicklung Ihrer inneren Freundschaft ein entscheidender Schritt. Nehmen Sie sich nun einen Augenblick Zeit, um über Ihre Freuden im Leben nachzudenken.

Richten Sie Ihre Aufmerksamkeit wieder auf Ihre Atmung und den ganzen Körper ... Werden Sie sich all Ihrer Sinne bewußt ... Erinnern Sie sich an die einfachen Dinge im täglichen Leben, die Ihnen Spaß machen ... Denken Sie an etwas, an dem Sie sich häufiger erfreuen könnten, wenn Sie sich mehr Zeit dafür nehmen würden ... Denken Sie an Aktivitäten, die Ihnen Spaß machen ... An Freunde oder Familienmitglieder, deren Umgang Sie genießen ... An einen Ort, an dem Sie sich glücklich fühlen ... Denken Sie an Gegenstände, die Sie erfreuen ... Denken Sie an bestimmte Bücher, Gedichte oder Verse, die Sie in die Welt Ihrer Phantasie tragen ... Genießen Sie Ihre eigene Gegenwart ... Denken Sie über all die Dinge im Leben nach, für die Sie Dankbarkeit empfinden ...

KAPITEL ACHT

Ihr spirituelles Bewußtsein

Alleinsein bedeutet, daß man manchmal über längere Zeit hinweg völlig allein lebt, daß man den Raum, aber nicht sein Leben mit anderen teilt, oder daß man sein Leben mit anderen teilt, sich jedoch immer wieder zurückzieht, um die Beziehung zu sich selbst zu pflegen. Für jede dieser Situationen stellt sich folgende Frage: Widmen Sie sich in dieser Zeit Ihrem inneren spirituellen Wachstum, oder vermeiden Sie es?

Der Begriff »spirituelles Wachstum«, so wie ich ihn verstehe, kann von den anderen Dimensionen unseres Lebens nicht getrennt werden. Es scheint, daß sich in unserem Innersten ein spirituelles Wesen verbirgt, das wir mit unserem Verstand und unseren Gefühlen nicht begreifen können und das trotzdem existiert. Wenn wir uns regelmäßig Zeit zum Reflektieren nehmen, geraten wir früher oder später mit dem spirituellen Kern unseres Wesens in Verbindung. Denn nur wenn wir allein sind, können wir uns der spirituellen Dimension des Lebens öff-

Die Kunst, allein zu sein

nen. Und so bedeutet spirituelles Bewußtsein für
viele alleinlebende Menschen, mit der Freude des
Lebens in Kontakt zu kommen. Deshalb sollte jegliche Diskussion über das Alleinsein auch die Frage
des Seelenlebens mit beinhalten.

Jeder Glaube und jede Religion beruhen auf der Erkenntnis, daß der Mensch eine spirituelle Dimension besitzt. Religionen bilden jedoch auch den
Grundstein für gesellschaftliche Ordnung, auf der
sich politische und wirtschaftliche Organisatio-
nen aufbauen. Religionen sind ein Phänomen der
Masse und nicht des Individuums. Häufig schreiben
sie uns vor, was wir während der stillen Momente
des Alleinseins tun und fühlen sollen. Letzten Endes
ist es für uns nützlicher, uns über die Richtlinien der
religiösen Lehren hinwegzusetzen und selbst einen
direkten und ehrlichen Blick auf unser spirituelles
Wesen zu werfen, wenn wir unseren Verstand beruhigen und unser Herz den Tiefen unseres innersten Wesens öffnen wollen.

In der christlichen Tradition wird diese Art der spirituellen Reflexion »besinnliches Gebet« genannt; in
anderen Religionen verwendet man den Ausdruck
Meditation oder manchmal auch Yoga. Welche Be-
zeichnung man dafür auch immer benutzen mag,
das Ziel bleibt das gleiche, nämlich die logischen
und linearen Funktionen unseres Verstandes zum
Stillstand zu bringen und direkt auf unser innerstes

Ihr spirituelles Bewußtsein

Wesen zu hören. Je nachdem, welche religiösen Anschauungen wir haben, kann man dieses Geschehen auch mit den Worten »auf Gott hören« beschreiben. Besinnliches Gebet oder Meditation sind Zeiten, in denen wir aufhören, unseren Dank und unsere Wünsche an Gott zu richten und uns lediglich dafür öffnen, was Gott uns zu sagen hat. Und für diejenigen, die mit den religiösen Redewendungen weniger vertraut sind, könnte man sagen, daß man den inneren Dialog zur Ruhe bringt, um sich den Einwirkungen der endlosen Ewigkeit zu öffnen.

Was immer unsere religiösen oder spirituellen Ansichten sein mögen, wichtig ist, daß wir unseren Geist regelmäßig zur Ruhe bringen, damit wir mit unserem Innersten kommunizieren können. Religionen sind, im Rahmen einer bestimmten Kultur, auf einem verstandesmäßigen Glauben aufgebaut. Spirituelle Erkenntnis geht über die linearen Aktivitäten des Geistes hinaus und konzentriert sich auf die nicht-verbale Erfahrung selbst.

Für diese brauchen wir Vertrauen in uns selbst. Denn wir müssen unsere Gewohnheiten und Glaubensgrundsätze loslassen, um die Realität, die jenseits unserer Konzepte liegt, direkt erfahren können. Viele Menschen fürchten sich davor, daß sie sich den bösen Kräften der Welt ausliefern, sobald sie sich entspannen und einen tieferen Blick auf

Die Kunst, allein zu sein

ihre eigene Natur werfen. Ein Großteil der westlichen Religionen vermittelt ihren Anhängern die Vorstellung, daß der Mensch von Natur aus böse und sündhaft ist und ihm nicht vertraut werden kann.

Sollten Sie selbst so etwas glauben, können Sie zwischen zwei Möglichkeiten wählen. Sie können Ihrer inneren, spirituellen Natur ausweichen und damit vermeiden, daß irgendeine böse Kraft Herrschaft über Sie gewinnt, oder Sie bitten Gott um Hilfe und Führung, um Einblick in Ihr inneres Wesen zu erhalten, damit Sie Ihre eigene spirituelle Natur erkennen können. Jeder muß seine persönliche Wahl treffen.

Für diejenigen, die einen Blick auf ihr Innerstes werfen möchten, zeige ich nun grundlegende Meditationstechniken, die für Sie sehr wertvoll sein können.

Das Schwierigste bei dieser Art der Meditation ist normalerweise, unsere Gedanken zur Ruhe zu bringen, die sich bei der Vorstellung, an zweiter Stelle zu stehen, zunächst einmal bedroht fühlen. Bereits in jungen Jahren wurde uns beigebracht, daß unser Verstand Herr über alle Dinge sei und die vernünftige Kontrolle spontaner Empfindungen uns von Schwierigkeiten abhalte, was wiederum für unser Überleben notwendig sei. Wir alle sind von frühester Kindheit an mit solchen Vorstellung programmiert worden.

Ihr spirituelles Bewußtsein

Wenn Sie deshalb meinem Vorschlag folgen und beim Alleinsein regelmäßig Ihre Gedanken zur Ruhe bringen wollen, kann es vorkommen, daß Ihr Verstand Sie mit einer Reihe plausibler Gründe bombardiert, um diesem scheinbar ketzerischen Vorschlag keinesfalls Folge zu leisten. Wer sind Sie überhaupt ohne Ihre Vernunft? Wie und auf welche Weise können Sie all Ihre Erfahrungen verarbeiten, wenn Sie das Urteilsvermögen Ihres Verstandes abschalten?

Das ist natürlich die Frage aller Fragen. Wir fürchten uns vor den Ebenen unseres Bewußtseins, die das Beurteilen unmöglich machen und in denen unser Unterscheidungsvermögen versagt. Wir haben unser Leben dem kritischen Denken anvertraut, das zwischen gut und böse, besser und schlechter, gefährlich oder ungefährlich unterscheiden kann. Was würde geschehen, wenn wir dieses Urteilsvermögen auf der Reise in unser innerstes Selbst verlieren? Unser beständiges Denken ist ein Verteidigungsmechanismus, der uns von einer Begegnung mit uns selbst abhält.

Damit kommen wir wieder auf die Frage zurück: Sind wir unser bester Freund? Und was bedeutet eigentlich bester Freund? Können wir uns lieben und akzeptieren, so wie wir sind, oder vertrauen wir uns selbst nicht? Können wir unsere menschliche Natur bejahen, oder haben wir es gelernt, uns

133

Die Kunst, allein zu sein

selbst zu mißtrauen und uns nur auf die äußeren Einflüsse zu verlassen?

Ich schlage folgendes vor: Tasten Sie sich langsam in Ihr Inneres vor. Entdecken Sie für sich allein, wer Sie jenseits Ihrer Erziehung und kulturellen Vorstellungen in Wirklichkeit sind. Diese Entdeckungen sind die große Chance des Alleinseins und die Grundlage, Ihr Leben zu bereichern.

Wie kann man die Gedanken zur Ruhe bringen? Es scheint, daß sich unsere Gedanken ununterbrochen im Geiste bewegen. Wir sind Vernunftwesen und haben aus unserem Verstand einen Gott gemacht. Theologie befaßt sich schließlich damit, über Gott nachzudenken. Wir neigen dazu, unsere religiösen Überzeugungen auf theologische Erkenntnis beruhen zu lassen, anstatt Erfahrungen zu machen. Häufig bedeutet das, daß unsere Überzeugungen nicht tiefer gehen als unsere Vernunft. In den vorhergehenden Kapiteln haben wir uns bereits mit dem Thema der Vernunft und den damit verbundenen Gewohnheiten beschäftigt und dabei festgestellt, daß unsere »spontanen« Gedanken nichts anderes als erlernte Vorstellungen sind, die wir aus unserer Kultur übernommen haben und die unsere Wahrnehmungen beeinflussen.

Es stellt sich nun die Frage, wie man mit diesen inneren Dialog beenden kann. Um das zu tun, gibt es eine Reihe anspruchsvoller Meditationen, aber

Ihr spirituelles Bewußtsein

auch ganz einfache. Am besten wäre es, sich zunächst den einfachen Meditationen zu widmen, es sei denn, daß Sie für den Rest Ihres Lebens an strikter, spiritueller Disziplin interessiert sind.

Die beste, psychologische Methode, den Gedankenfluß zu unterbrechen ist, daß man den Gedanken selbst während der Meditation eine Aufgabe gibt. Anstatt Ihr lineares Denken zu beschwichtigen, erlauben Sie es, an der Meditation teilzunehmen. Dies ist eine Technik, die in den verschiedensten Weltreligionen geübt wird. In der katholischen Tradition werden einfache, sich ständig wiederholende Gebete (Rosenkranz) aufgesagt, um die normalen Gedanken zu beruhigen. Hindus, Buddhisten und Moslems gebrauchen für denselben Zweck Mantras (Ritualformeln), rhythmische Gesänge und Gebete. In anderen Traditionen, zum Beispiel bei den Hopi-Indianer Nordamerikas oder der Basutus in Afrika und anderen Eingeborenenstämmen, werden auch rhythmische Gesänge und Mantras verwendet, um den Menschen auf eine direkte Begegnung mit Gott vorzubereiten.

Die Wiederholung eines Mantras oder eines Kurzgebetes kann als eine Art Atemübung betrachtet werden. Beim Ausatmen sprechen wir die Worte aus, beim Einatmen bleiben wir still. Atem und Mantra bilden eine Einheit. Die bewußten Atemübungen, die Sie in diesem Buch gelernt und die

135

Die Kunst, allein zu sein

Ihnen beim Erinnern und Reflektieren geholfen haben, können Ihnen ebenso auf der Suche nach spiritueller Erkenntnis behilflich sein.

 Die einfachste aller spirituellen Meditationen geht folgendermaßen: Zählen Sie Ihre Atemzüge. Beschäftigen Sie Ihre Gedanken mit dem Zählen, während Sie gleichzeitig Ihre Atmung beobachten. Sie können immer weiter zählen, solange Sie dabei Vergnügen haben. Oder Sie können bis zu einer bestimmten Zahl zählen und dann bis Null wieder rückwärts zählen. Oder Sie zählen bis zu einer gewissen Zahl und fangen danach wieder von vorn an. Die Art der Zählung spielt bei dieser Meditation keine Rolle.

Das Wichtigste zu Beginn dieser Meditation ist jedoch, sich daran zu erinnern, daß unsere Gedanken und der Verstand die Führung haben wollen. Deshalb sollten Sie sich der Meditation und sich selbst mit einer sanften, akzeptierenden Haltung nähern. Es kann Ihnen häufig passieren, daß Ihr Verstand an einer gewissen Stelle zum Protestieren anfängt und auf verschiedenste Weise Widerstand leistet. Manchmal entdecken Sie, wie Ihre Aufmerksamkeit von der Meditation abgelenkt wird und Sie plötzlich an etwas ganz anderes denken. Ihre Vernunft kann Sie mit den verschiedensten Dingen ablenken, zum Beispiel mit Zukunftsplänen für den

Ihr spirituelles Bewußtsein

nächsten Tag; oder Sie spüren plötzlich alle möglichen körperlichen Symptome, wie Juckreiz oder Magenknurren etc.; oder Sie fangen an zu träumen und können dabei sogar einschlafen. Es ist jedoch wichtig, sich nicht durch Selbsturteile und Entmutigungen aufzugeben, sondern beharrlich weiterzuüben. Erinnern Sie sich daran, daß Sie bemüht sind, Ihr eigener bester Freund zu werden, und diese Meditation eine Gelegenheit dazu bietet. Lassen Sie diese Gewißheit beim Meditieren nicht aus den Augen. Ebenso wichtig ist es, daß Sie jegliche Erwartungen und Ansprüche an diese Meditation beiseite legen. Sie können auf keinen Fall wissen, welche Erfahrungen beim Meditieren auf Sie zukommen werden. Vergleichen Sie sich nicht mit jemanden, der weiß, wie man meditiert. Machen Sie sich frei von allen vorgefaßten Meinungen – einschließlich jener, die Sie in diesem Buch gelesen haben!

Während Sie Ihre Atemzüge zählen, passiert oft folgendes: Der Verstand ermüdet beim Zählen allmählich und kommt schließlich zur Ruhe, obwohl man sich völlig der Atmung bewußt bleibt. Manchmal geschieht das recht schnell, und manchmal braucht man länger dazu. Jeder Mensch ist anders. Ebenso befinden Sie sich jedesmal in einer anderen Verfassung, bevor Sie mit dem Meditieren beginnen. Mit der Zeit fällt Ihnen das Meditieren nicht

Die Kunst, allein zu sein

mehr so schwer, und unsere Vernunft lernt allmählich, daß eine kleine Ruhepause gar nicht so katastrophal ist.

Wenn Ihre Gedanken zur Ruhe kommen, treten Sie in einen erweiterten Bewußtseinszustand, der den Mittelpunkt des Alleinseins bildet. Sie werden dabei in aller Ruhe auf Ihre Atmung achten, werden sich Ihres ganzen Körpers bewußt und mit sich selbst in Frieden sein. Ihre Atmung verbindet Sie mit der Außenwelt, weil Sie bei jedem Atemzug die Luft von außen in Ihr Inneres einlassen. Wenn Sie diese Meditation geduldig üben, werden Sie feststellen, daß es zwischen der Innen- und der Außenwelt keinen Unterschied gibt. Sie werden dabei intuitiv spüren, daß Einheit und Ordnung die grundlegende, spirituelle Natur des Lebens bilden. Wenn Sie für längere Zeit mit dem Atmen aufhören, würden Sie Ihr Leben und somit den Vorgang der inneren und äußeren Einheit beenden. Die Atmung ist deshalb ein natürlicher Weg, Ihnen Harmonie und Einssein zu vermitteln.

Nehmen Sie sich nun einen Augenblick Zeit, um die letzten drei Absätze noch einmal zu überblicken. Wenn Sie sicher sind, daß Sie sich im Moment ungestört, ruhig und entspannt fühlen, wäre das ein guter Zeitpunkt für diese Meditation. Richten Sie Ihre Aufmerksamkeit auf Ihre Atmung, wählen Sie einen Zahlenrhythmus (Sie können ihn

Ihr spirituelles Bewußtsein

auch während der Meditation ändern) ... Lösen Sie
sich von allen Erwartungen ... und fangen Sie an ...

Neben dieser einfachen, grundlegenden Meditation steht Ihnen eine Anzahl anderer zur Verfügung. Sie können Meditationen aus den verschiedenen spirituellen Traditionen wählen. Suchen Sie
sich diejenige aus, die Ihnen am meisten liegt.
Wenn Sie daran interessiert sind, können Sie auch
in einer Gruppe meditieren. Doch hüten Sie sich
vor religiösen Traditionen, die Ihre inneren Erfahrungen zu kontrollieren versuchen. Um die Mani-
pulationen religiöser Gruppen zu verhindern, habe
ich folgende Methode als hilfreich gefunden: Entdecken und erforschen Sie zuerst die spirituelle
Meditation für sich selbst, und üben Sie diese für
eine Weile. Dann prüfen Sie, welche religiöse Traditionen Ihre eigenen Erfahrungen erweitern können.
Auf diese Weise bleiben Sie wahrhaftig, weil Ihre
direkte Erfahrung im Vordergrund steht.
Es scheint mir, daß eine Meditation nichts anderes als eine Reihe intuitiver Erscheinungen ist. Das
Schwierige dabei ist, unsere Vernunft zu beruhigen,
diese Funktion unseres Geistes für eine Weile ab-
zuschalten, damit die anderen, eher unbemerkten
Bereiche unseres Bewußtseins einmal Gelegenheit
haben, unsere volle Aufmerksamkeit zu erhalten.
Ich zeige Ihnen nun noch eine andere Form der

Die Kunst, allein zu sein

Meditation. Sie stammt ursprünglich aus der Zen-Tradition Japans (welche sich aus der buddhistischen und taoistischen Tradition Chinas entwickelt hat), wurde jedoch auch von anderen mystischen Traditionen übernommen. Sie kombiniert bewußtes Atmen mit bewußter Wahrnehmung der Außenwelt, das heißt, Sie richten Ihre Aufmerksamkeit gleichzeitig auf Atmung und visuelle Wahrnehmung.

Wenn Sie wollen, probieren Sie diese Meditation gleich einmal aus. Setzen Sie sich bequem nieder, entweder im Haus oder draußen in der Natur. Wenn Sie draußen sind, richten Sie Ihren Blick auf einen Gegenstand der Natur, zum Beispiel auf einen Baum, eine Blume oder einen Berg. Sollten Sie im Haus sein, suchen Sie sich ebenfalls einen Gegenstand, oder zünden Sie vielleicht eine Kerze an. Wählen Sie etwas, an dem Sie Freude haben. Schließen Sie zuerst einmal Ihre Augen, und richten Sie Ihre Aufmerksamkeit auf Ihre Atmung ... Spüren Sie, wie die Luft durch Ihre Nase oder den Mund ein- und ausströmt ... Werden Sie sich der Atembewegungen in Brust- und Bauchregion bewußt ... Wenn Sie bereit sind, öffnen Sie Ihre Augen und betrachten Sie in Ruhe das vor Ihnen befindliche Objekt ... Geben Sie Ihren Gedanken freien Lauf ... Erlauben Sie ihnen,

Ihr spirituelles Bewußtsein

über das Objekt nachzudenken, mit der Bitte, sich nur mit dem Objekt und nichts anderem zu befassen ... Bleiben Sie sich gleichzeitig Ihrer Atmung und Ihres ganzen Körpers bewußt ... Richten Sie Ihre Aufmerksamkeit auf die visuelle Wahrnehmung ... Beobachten Sie, was dabei geschieht ... Vielleicht verschwinden Ihre Gedanken allmählich ... Werden Sie Zeuge einer einzigartigen Erfahrung ...

Zu Beginn des Kapitels habe ich bereits erwähnt, daß Spiritualität Teil des Lebens ist. Das Alleinsein gibt Ihnen die wundervolle Gelegenheit, Ihr spirituelles Bewußtsein kennenzulernen. Dieser erweiterte Bewußtseinszustand hat eine beruhigende Wirkung auf Ihr tägliches Leben und wirft eine neues Licht auf Ihre Beziehung zu sich selbst und Ihre Umgebung. Wenn Sie allein sind und so sind, wie Sie sind, sich Ihrer eigenen Gegenwart gegenüber öffnen, wirkt sich das Meditieren auf oft überraschende und sehr lohnende Weise auf Ihr tägliches Leben aus.

KAPITEL NEUN

Zufrieden allein

Ein besorgter Vater kam eines Tages in meine Praxis, um sich über seinen zehnjährigen Sohn zu unterhalten. Seiner Ansicht nach schien sein Sohn Peter an einer Art »Gesellschaftskrankheit« zu leiden. Er wollte nicht mit anderen Kindern spielen. In der Schule war sein Sozialverhalten ganz normal. Daheim oder am Wochenende wollte er jedoch nicht mit anderen Kindern spielen, so wie es eben »normale« Kinder seines Alters tun, sondern bestand darauf, allein zu sein – es schien ihm sogar Freude zu machen, ein ganzes Wochenende ohne einen Spielkameraden zu verbringen. Er wollte auch niemanden einladen oder eingeladen werden, um die typischen »Buben-Spiele« zu spielen.

Sein Vater war ein geselliger Mensch, der aus einer großen Familie kam und im Verkaufshandel tätig war. Peter war sein drittes Kind. Die zwei älteren Söhne hätten nach der Ansicht des Vaters ein ganz »normales« Benehmen. Der Vater stellte mir die

143

Die Kunst, allein zu sein

Frage, was man mit Peter anfangen solle, um ihm aus seiner Zurückgezogenheit zu helfen, bevor er zum völligen Einsiedler werde.

Ich habe zugestimmt, mich mit Peter zu treffen, der dann in der folgenden Woche nach der Schule mit seinem Vater in meine Praxis kam. Peter fühlte sich in der Gegenwart seines besorgten Vaters offensichtlich unwohl, weshalb ich darum bat, mich mit Peter allein zu unterhalten. Wir haben beinahe eine ganze Stunde miteinander geplaudert. Ich stellte ihm viele Fragen, die er ehrlich, manchmal jedoch zögernd beantwortete. Ich konnte keine ernsthaften Probleme erkennen, außer Schwierigkeiten mit seinen Eltern: Sie hatten ihn, so wie er war, nicht akzeptiert. Er konnte ihrem Idealbild eines Sohnes nicht entsprechen.

»Ich mag es, wenn ich daheim tun kann, was ich will«, behauptete Peter. Er erzählte mir, daß er gerne zeichnet, Computerspiele spielt und sich mit seinem kleinen Papagei beschäftigt. Er liest gerne, und manchmal spielt er Basketball mit seinem älteren Bruder. »Mein Bruder ist lustig, er kann gute Witze erzählen.«

»Wie steht es mit deinen Schulkameraden?« fragte ich.

»Oh, die meisten sind ganz nett. Und Schule ist auch ganz gut.«

»Und was machst du nach der Schule? Fühlst du

Zufrieden allein

dich allein daheim, oder würdest du lieber mit deinen Freunden spielen?«

»Oh, ich mag das Raufen und Schreien nicht so gern«, meinte er. »Meistens ist es nur doofes Zeug. Ich lese viel lieber und mache andere Sachen für mich.«

Soweit ich beurteilen konnte, war das ein Junge, der seine eigene Gesellschaft bevorzugte. Er war täglich in der Schule sechs Stunden mit anderen zusammen. Für ihn war das genügend sozialer Umgang.

Am nächsten Tag traf ich mich mit Peters Eltern und teilte ihnen meine Meinung mit. »Vielleicht wird er später Freunde finden, denen er nahe sein möchte«, sagte ich. »Das passiert recht häufig. Wir sollten Kinder respektieren, die ihre eigene Gegenwart genießen können. Sie scheinen genauso glücklich zu sein, wie diejenigen, die zu ihrem Wohlbefinden andere Menschen brauchen.«

Peters Eltern waren mit meiner Meinung nicht zufrieden und brachten ihren Jungen zu einem anderen Therapeuten, der ihm beizubringen versuchte, häufigeren Umgang mit anderen zu pflegen – das Ergebnis habe ich jedoch niemals erfahren.

Wenn wir als Kinder lieber allein waren, wurden wir von unseren Eltern oder Altersgenossen aller Wahrscheinlichkeit nach unter Druck gesetzt, uns öfters in Gesellschaft zu begeben. Sicherlich brauchen

Die Kunst, allein zu sein

viele Kinder etwas Hilfe, um ihre Scheu und Angst vor den anderen zu überwinden und sich in einer Gruppe wohl fühlen können. Gleichzeitig werden diese Kinder jedoch manchmal als »verhaltensgestört« und »nicht normal« abgestempelt, nur weil sie die Gabe besitzen, ihre eigene Gesellschaft zu genießen und ganz gut ohne andere auskommen.

Wie ich bereits erwähnt habe, sollten wir die Fähigkeit des Alleinseins im Kind genauso fördern wie soziales Verhalten. In primitiven Kulturen wurde den Kindern beispielsweise die Möglichkeit gegeben, sich von ihrer Familie zu entfernen, um mit sich selbst in der Natur zu sein. Im Leben eines Kindes besteht heutzutage jedoch kaum Hoffnung auf Momente des Alleinseins, da das Fernsehen den Zeitraum in Anspruch nimmt, in dem wir weder mit anderen noch mit uns selbst sind. Die meisten Kinder verbringen täglich sechs bis sieben Stunden in einer Gruppe von ca. dreißig gleichaltrigen Kindern – eine Situation, die weniger natürlich erscheint, als das Alleinsein selbst.

Schon früh im Leben hat Peter das Wunderbare des Alleinseins entdeckt. Seine Eltern und sein Therapeut haben ihn gezwungen, dieses Verhalten zu ändern. Sicherlich hat er seither Scham- und Schuldgefühle, weil er glaubte, daß mit ihm etwas nicht in Ordnung sei. Wahrscheinlich wird er als erwachsener Mensch schwer daran arbeiten müssen, dieses

Zufrieden allein

negative Selbsturteil zu überwinden, das durch Ablehnung seiner Neigung, lieber allein zu sein, entstanden ist.

Wir sollten das unseren Kindern nicht antun – und wir sollten lernen, uns von jeglichen Urteilen dieser Art, die während unserer eigenen Kindheit entstanden, zu befreien.

Vor einigen Jahren, auf dem Weg nach Guatemala, befand ich mich in den Bergen in der Nähe eines wunderschönen Sees, des Lago de Atitlán. Die meisten Einwohner dieser Hochlandregion waren Vollblut-Indianer, Nachkommen der Maya. Hin und wieder traf ich jedoch auf Menschen verschiedenster Nationen, die ein einfaches Leben, fern von der Hektik unserer modernen Gesellschaft suchten. Eines Tages bin ich um die westliche Seite des Sees gewandert, über Stock und Stein, da es auf dieser Seite keine Straße gab, und landete schließlich in einem kleinen, isolierten Dorf.

Da es bereits später Nachmittag war, fragte ich nach einer Herberge. Ich wurde zu einem abgelegenen Haus geführt, das sich einige Minuten vom Dorf entfernt an einem sprudelnden Bach befand. Das vom Ackerland umgebene Haus gehörte einer Amerikanerin. Eine Frau in mittleren Jahren öffnete mir die Tür und forderte mich auf, einzutreten. Sie war ruhig und freundlich und offensichtlich ganz

Die Kunst, allein zu sein

glücklich, hier draußen allein zu leben. Sie besaß
ein Gästezimmer, das sie manchmal vermietete. Ich
nahm das Zimmer und willigte auch in ihr Angebot
zum Abendessen dankbar ein. Ich erfrischte mich,
da es kein warmes Wasser im Haus gab, mit einer
eiskalten Dusche. Während eines einfachen, jedoch schmackhaften Mahls konnte ich mich entspannen. Wir haben nicht viel miteinander gespro-
chen; sie war nicht neugierig, weshalb ich nach
Guatemala gekommen war, und ich drängte sie
auch nicht, ihre Lebensgeschichte zu erzählen.

Nach einer Flasche Wein und einer süßen Nach-
speise, die ihre Nachbarin gebacken hatte, erzählte
sie mir, daß sie vor elf Jahren von Atlanta mit ihrem
Ehemann hierher zum Urlaubmachen gekommen
sei und sich auf mysteriöse Weise an diesem See
wie daheim gefühlt habe. Sie war schließlich allein
hierhergezogen, gegen den Willen ihres Mannes
und ihrer Familie.

Meistens, so sagt sie, lebe sie hier allein, mit Aus-
nahme gelegentlicher Besucher, wie mich, die zu-
fällig auf ihre kleine Herberge stoßen, für ein paar
Tage bleiben und dann weiterziehen. Manchmal
kämen alte Freunde auf Besuch, und das sei auch
ganz schön. Doch für gewöhnlich sei sie mit sich
allein, ginge ihren Beschäftigungen nach, arbeite im
Garten, lese oder beschäftige sich mit sich selbst.
»Manchmal«, so gab sie zu, »fühle ich mich schreck-

148

Zufrieden allein

lich einsam. Dann nehme ich den nächsten Bus zum Flughafen und fliege für ein paar Wochen nach Atlanta. Das ermüdet mich jedoch bald«, sagte sie. Dann käme sie hierher zurück, zufrieden wieder mit sich allein zu sein.

Wir gingen auf ihren Balkon hinaus, von dem wir die einheimischen Gärten überblicken konnten. In der späten Nachmittagssonne konnte man mehrere Familien laut und fröhlich in den Feldern arbeiten sehen. »Das ist nun meine Familie«, sagte sie. Ihr genüge es, am Rande dieser Gemeinschaft zu leben. »Ich habe das Gerede und ständige Umarmen und all die gesellschaftlichen Zwänge, die wir in den Vereinigten Staaten haben, niemals recht leiden können. Ich fühle mich hier viel wohler.«

Eine Weile später wünschte sie mir eine gute Nacht, mit der Bemerkung, daß sie vor Tagesanbruch auf sei, da dies die besten Stunden am Tag seien. Sie überließ mich meiner selbst, während die Nacht sich über das Tal legte. In dieser Stille empfand ich tiefen Frieden, der wie der Odem Gottes aus dem Tal zu strömen schien. Ich blieb beinahe zwei Wochen an diesem Ort und hatte das Gefühl, daß ich endlich das gefunden hatte, was ich schon lange suchte – nämlich, in Frieden mit mir allein zu sein.

Ein Freund von mir aus Basel erkannte auf sehr realistische Weise, daß das Alleinsein sein bester

Die Kunst, allein zu sein

Freund sei. Dieter war zwischen seinem zweiundzwanzigsten und einunddreißigsten Lebensjahr verheiratet. Die Ehe endete in einer einvernehmlichen, jedoch notwendigen Scheidung. Er pflegt noch immer eine Freundschaft mit seiner ehemaligen Frau und steht seinen erwachsenen Kindern nahe. Sein Lebensstil ist jedoch eindeutig der eines Mannes, der mit sich allein zurechtkommt und dabei Zufriedenheit im Leben gefunden hat. Nach Abbruch seiner Ehe bemühte sich Dieter über mehrere Jahre hinweg, eine neue Beziehung aufzubauen. Er hatte zahlreiche Freundinnen und hätte beinahe eine von ihnen geheiratet. Doch irgendwie entschied er sich nie für eine neue langfristige, traditionelle Verbindung.

Mit jeder neuen Beziehung wurde Dieter immer klarer, wie ihn seine tief verwurzelten Idealvorstellungen einer Partnerschaft von einer Frau zur anderen trieben. Nach einer besonders verheerenden Trennung nahm er sich bewußt vor, für sechs Monate keine intime Beziehung einzugehen, um sich darüber klarzuwerden, was er wirklich im Leben wollte. Er besaß einige gute Freundschaften im Verlagsbetrieb. Ebenso befand sich sein erweiterter Familienkreis am Ort. Er war gesellschaftlich recht aktiv, und traf nun im Alter von siebenunddreißig die Entscheidung, sein emotionales Liebesleben, das bis dahin eine große Rolle gespielt hatte, zu beenden.

Zufrieden allein

Er mietete eine Hütte in den Alpen und zog sich beinahe jedes Wochenende dorthin zurück, um endlich an seinem eigenen Buch zu arbeiten. Allmählich entdeckte er, wie sehr er die Gesellschaft mit sich selbst genoß. Zu Beginn hat er sich natürlich hin und wieder mit dem Schmerz des Alleinseins geplagt. Er stellte jedoch bald fest, daß er mit Freude dem Wochenende entgegensah, wenn er der geschäftigen Verlagswelt und dem Gesellschaftsleben in Basel entfliehen konnte. Nach der zweistündigen Zugfahrt und dem Lebensmitteleinkauf im Dorf, machte er sich auf den Weg zu seiner Almhütte. Er hat sich bereits seit mehreren Jahren mit dem Thema der Meditation beschäftigt und eine Anzahl guter Bücher darüber veröffentlicht. Endlich fand er Zeit und Ruhe, um das zu üben, was er schon lange gepredigt hatte. Er erkannte sehr schnell, daß sein Verlangen nach Alleinsein und tiefer Stille, nach Innenschau und tiefer Ruhe sehr stark war. Sobald er seinen Leidenschaften und Sehnsüchten weniger Aufmerksamkeit schenkte, entdeckte er in sich eine geistige Klarheit und einen inneren Frieden, die ihm bisher unbekannt gewesen waren. Und je länger er mit sich allein war, desto stärker wurde der Wunsch nach Alleinsein.

Innerhalb weniger Wochen stellte Dieter seinen Arbeitsplan dergestalt um, daß er bereits am Don-

151

Die Kunst, allein zu sein

nerstag nachmittag in die Berge fahren konnte und erst Montag früh wieder zurück kam. Seine Persönlichkeit begann sich ebenfalls zu verändern: von einem geselligen zu einem eher ruhigeren Mann, und von einem Stadtmenschen zu jemanden, der die Einsamkeit der Natur liebt. Ebenso entdeckte er die Freude am Wandern, dem er sich täglich mehrere Stunden lang widmete, und für das er auch eine Stunde vor seiner Arbeit in Basel Zeit fand.

Natürlich bemerkten Dieters Freunde und seine Familie die Veränderungen in ihm, und einige gaben sogar ganz offen zu, daß er seine Freundschaften vernachlässige und zu einem wahren Einsiedler geworden sei. Sie meinten, daß er an einer seelischen Krankheit leide und einen Therapeuten aufsuchen solle, um die Ursache seiner Zurückgezogenheit festzustellen. Seine Mutter machte sich besondere Sorgen um ihn und schickte ihren Pfarrer in seine abgelegene Hütte, um mehr über Dieters Zustand zu erfahren.

»Ich habe ihm ausdrücklich gesagt«, so hat mir Dieter später erzählt, »daß ich mich, entgegen der Meinung meiner Mutter, wohl fühle. Daß ich endlich Zufriedenheit im Leben gefunden hätte und mich darüber hinaus allmählich für eine Begegnung mit Gott öffnen könne.«

Wie überraschend viele Menschen, die sich nicht mehr davor scheuen, öffentlich zuzugeben, daß sie

Zufrieden allein

lieber allein leben, entdeckte auch Dieter seine natürliche Neigung zum Alleinsein. Er freute sich immer noch, mit seinen Freunden beisammen zu sein, fand jedoch tiefere Freude am Alleinsein. Und was immer seine Mutter und andere auch sagten, sie konnten ihn nicht von seiner neu entdeckten Leidenschaft für das Alleinsein abbringen.

»Wenn ich ganz allein in einem Zimmer bin«, gestand Dieter, »ist die Atmosphäre ganz anders als mit jemandem zusammen, wie zum Beispiel mit dir – ohne dich damit kränken zu wollen.« Er glaubte, daß ein jeder diese Erfahrung machen könne, sobald er über die Vorstellungen und Ängste des Alleinseins hinausgehe und das Wunderbare daran entdecke. »Meine Gedanken schweben«, so erzählte er mir, »meine Gefühle beruhigen sich, und endloser Frieden erfüllt meine Seele. Das ist der Sinn des Lebens für mich.«

Wenn ich in die Schweiz fahre, freue ich mich auf einen Besuch bei Dieter, der mich manchmal in seine Hütte einlädt. Einmal blieb ich dort für eine Weile allein, während Dieter in Basel arbeitete, und entdeckte für mich selbst, wie wunderbar ich mich an diesem einsamen Ort fühlte. Nachdem er Donnerstag abends zurückkam, saßen wir über eine Stunde schweigsam beieinander – und haben gemeinsam das Alleinsein genossen: mit äußerster Vertrautheit und gleichzeitiger Zurückgezogenheit. Es

Die Kunst, allein zu sein

war ein besonders spiritueller Augenblick, den wir an diesem Abend miteinander teilten. Ich werde niemals den Moment vergessen, in dem ich mir meines Innersten bewußt war und sich in mir der Raum des Friedens bis ins Unendliche weitete.

Nachdem wir eine Weile über die Berge und Almen geschaut hatten, trafen sich unsere Blicke. Auf einmal erkannte ich, daß wir den größten Reichtum des Alleinseins gefunden hatten.

NACHWORT

Momente des Alleinseins pflegen

Das Alleinsein kann man mit einem unbearbeiteten Stück Land inmitten eines überentwickelten Gebiets vergleichen – es ist ein Ort, an den Sie sich zurückziehen können, um ihrem Wesen in seiner Gesamtheit zu begegnen. Es versorgt Sie mit einer Frische und Energie, die Ihren Geist belebt. Diese Behauptung bestätigt sich, ob Sie nun meistens allein oder mit anderen leben. Das Alleinsein bietet Ihnen die einzigartige Gelegenheit, Ihrem innersten Selbst zu begegnen. So wie wir uns für das Anlegen eines Parks oder Naturschutzgebietes einsetzen, genauso sollten wir uns die Mühe machen, Zeit und Raum für uns selbst zu nehmen, besonders in unserer heutigen Kultur, die uns von unserer Innenwelt mit den vielfältigsten Methoden, durch gesellschaftliche Verpflichtungen, Arbeit und Medien, abzulenken versucht.

Die leitende Kraft, die Ihnen hilft, sich von diesen Ablenkungsmanövern zu befreien, ist die Stärke

Die Kunst, allein zu sein

Ihrer Freundschaft zu sich selbst. In dem Maß, in dem Sie Ihre eigene Gesellschaft pflegen, gönnen Sie sich Zeiten, in denen Sie mit Ihren Gedanken, Gefühlen und Empfindungen allein sind. Und in dem gleichen Maß, in dem Sie sich Zeit zum Alleinsein nehmen, festigen Sie Ihre innere Freundschaft.

Nachdem Sie dieses Buch gelesen und sich mit der Innenschau und dem Meditieren für eine Weile beschäftigt haben, denken Sie einmal über Ihre Freundschaft zu sich selbst nach. Haben Sie es gelernt, Ihre eigene Gesellschaft zu genießen? Wenn Sie mit sich selbst immer besser zurechtkommen, sollten Sie darauf bedacht sein, diese Erkenntnis im Leben beizubehalten.

Sie sollten sich besondere Gelegenheiten suchen, um Ihr Alleinsein zu pflegen. Da sich viele von uns immer wieder in Aktivitäten stürzen, wäre es ratsam festzustellen – vielleicht sogar eine Liste aufzustellen – mit welchen Dingen wir uns übermäßig beschäftigen und für gewöhnlich Ablenkung suchen. Als nächstes müßten wir versuchen, unser Leben zu vereinfachen, um uns Zeit für uns selbst zu nehmen.

Längere Zeitspannen sind dafür ganz wichtig – Stunden, vielleicht sogar Tage der Zurückgezogenheit wären angebracht, um den Geist zu erfrischen. Ebenso wichtig sind die kurzen Zeiten des Abschaltens, in denen Sie sich ein paar Atemzüge lang von Ihrer Tätigkeit abwenden und in die Ferne sehen; vielleicht aus dem Fenster das Blau des Himmels oder einen Baum betrachten und sich Ihrer Atmung und Ihrer selbst bewußt werden. Sich hin und wieder für zumindest vier Atemzüge lang auf sich selbst zu konzentrieren und eine Pause einzulegen, ist nicht nur für Ihre Beziehung zu sich selbst, sondern für Ihre Gesundheit äußerst wichtig, was bereits wissenschaftlich bewiesen wurde.

Zusätzlich zu den Kurzpausen sollten wir uns alle zumindest zehn Minuten täglich vom Arbeitsplatz oder Haus entfernen und uns von jeglicher routinemäßigen Tätigkeit fernhalten. Das bedeutet, daß Sie Ihre Aufmerksamkeit auf Atmung und Körper richten und sich für diese Zeitspanne von allen Angelegenheiten lösen. Sie können sich dabei hinlegen und völlig entspannen oder sich Bewegung verschaffen – achten Sie darauf, dabei allein zu sein. Wichtig ist, daß Sie es sich zur Gewohnheit machen.

Eine andere Art, um Ihre Beziehung zum Alleinsein und sich selbst zu stärken, wäre natürlich, daß Sie sich täglich mit Meditationen und mit Ihrer Selbstwahrnehmung beschäftigen. Meiner Erfahrung nach passiert es häufig, daß, wenn man an sich selbst arbeiten will, man allzuoft in alte Gewohnheiten zurückfällt, es sei denn, daß man sich immer wie-

Die Kunst, allein zu sein

der an die bestimmten Übungen hält. Ich habe dieses Buch so gestaltet, daß Sie immer wieder darauf zurückgreifen und es als Arbeitsbuch benutzen können, anstatt es nach einmaligem Lesen beiseite zu legen. Ich rate Ihnen, sich mit dem Text und den Meditationen immer wieder zu beschäftigen, um Ihr persönliches Wachstum zu fördern. Ich hoffe, daß Sie dadurch mit der Fähigkeit belohnt werden, sich ein Leben lang mit den Geheimnissen Ihres Lebens auseinanderzusetzen.

Kontaktadressen

John Selby kommt regelmäßig nach Europa, um Seminare abzuhalten. Nähere Informationen erhalten Sie bei der

Seminarorganisation Wolfgang Gillessen
Balanstraße 365
D-81549 München
Tel./Fax 089/68 07 07 02
E-Mail: WGillessen@t-online.de

Wenn Sie mit John Selby direkt in Kontakt treten wollen:

E-Mail: selby@aloha.net
Internet: http://www.brightmind.com